MARCO POLO

NEU SEE LAND

MARCO POLO AUTOREN

Bruni Gebauer und Stefan Huy

Die Reisejournalisten haben ihr Paradies auf Erden am anderen Ende gefunden, die Liebe zu Land und Leuten mit einem Wohnsitz auf der Südinsel besiegelt. Das verschafft ihnen stets aktuelle Insider-Tipps, gewährt aber auch kritische Blicke hinter die grüne Fassade. Weil Neuseeland ihnen zur Herzensangelegenheit wurde, zeigen sie anderen auch als Reiseleiter gern die Schönheiten ihrer Wahlheimat.

REIN INS ERLEBEN

Mit dem digitalen Service von MARCO POLO sind Sie noch unbeschwerter unterwegs: Auf den Erlebnistouren zielsicher von A nach B navigieren oder aktuelle Infos abrufen – das und mehr ist nur noch einen Fingertipp entfernt.

Hier geht's lang zu den digitalen Extras:

http://go.marcopolo.de/neu

Touren-App

Ganz einfach orientieren und jederzeit wissen, wo genau Sie gerade sind: Die praktische App zu den Erlebnistouren sorgt dank Offline-Karte und Navigation dafür, dass Sie immer auf dem richtigen Weg sind. Außerdem zeigen Nummern alle empfohlenen Aktivitäten, Genuss-, Kultur- und Shoppingtipps entlang der Tour an.

HTTP://GO.MARCOPOLO.DE/NEU

Update-Service

Immer auf dem neuesten Stand in Ihrer Destination sein: Der Online-Update-Service bietet Ihnen nicht nur aktuelle Tipps und Termine, sondern auch Änderungen von Öffnungszeiten, Preisen oder anderen Angaben zu den Reiseführerinhalten. Einfach als PDF ausdrucken oder für Smartphone, Tablet oder E-Reader herunterladen.

SYMBOLE

- INSIDER TIPP Insider-Tipp
- ★ Highlight
- ●●●● Best of ...
- Schöne Aussicht
- Grün & fair: für ökologische oder faire Aspekte
- (*) kostenpflichtige Telefonnummer

PREISKATEGORIEN HOTELS

- €€€ über 120 Euro
- €€ 70–120 Euro
- € bis 70 Euro

Die Preise gelten für zwei Personen im Doppelzimmer pro Nacht ohne Frühstück

PREISKATEGORIEN RESTAURANTS

- €€€ über 18 Euro
- €€ 12–18 Euro
- € bis 12 Euro

Die Preise gelten für ein Hauptgericht

 Titelthemen: Mit dem Kajak im Abel Tasman Park S. 115 | Die Winzer von Wairarapa S. 67

GUT ZU WISSEN
Geschichtstabelle → S. 14
Spezialitäten → S. 28
Bücher & Filme → S. 45
Ganz schön kalt → S. 48
Im Tolkien-Land → S. 86
The Home of Bungy → S. 94
Feiertage → S. 129
Währungsrechner → S. 134
Was kostet wie viel? → S. 135
Wetter → S. 136

KARTEN IM BAND
(138 A1) Seitenzahlen und Koordinaten verweisen auf den Reiseatlas
(0) Ort/Adresse liegt außerhalb des Kartenausschnitts
Es sind auch die Objekte mit Koordinaten versehen, die nicht im Reiseatlas stehen

(*A–B 2–3*) verweist auf die herausnehmbare Faltkarte

UMSCHLAG VORN:
Die wichtigsten Highlights

UMSCHLAG HINTEN:
Karten von Auckland, Christchurch, Dunedin und Wellington

Die besten MARCO POLO Insider-Tipps

Von allen Insider-Tipps finden Sie hier die 15 besten

INSIDER TIPP Polynesien pur
Für Leib und Seele: Auf dem *Markt* in Aucklands Vorort Otara können Sie in eine kleine, authentisch polynesische Welt voller Exotik eintauchen → S. 37

INSIDER TIPP Idyll zum Träumen
Echtes Pioniergefühl: Zwischen Feldern und Wiesen hält *Puhoi* die Erinnerung an die ersten böhmischen Siedler lebendig → S. 39

INSIDER TIPP Weg durch die Wildnis
Als *Forgotten World Highway* schlängelt sich die Landstraße 43 durch eine bizarre Wildnis mit einer kauzigen Mini-Republik mittendrin → S. 44

INSIDER TIPP Traumstrände im Überfluss
Fern der touristischen Hauptrouten empfängt die *Tutukaka Coast* mit maritimem Charme: Wer hier nicht tauchen oder fischen mag, kann an Land zwischen allerhand herrlichen Sandstränden pendeln → S. 39

INSIDER TIPP Delikate Schnäppchen
Frische Austern aus eigener Zucht gibt es im Straßenverkauf der *Coromandel Oyster Company* verzehrfertig für wenige Dollar → S. 41

INSIDER TIPP Bizarre Vulkanwüste
Tongariro Crossing: Aufregende Tageswanderung dicht vorbei an aktiven Kratern. Ein Maori-Häuptling schenkte den *Nationalpark* einst der englischen Krone → S. 63

INSIDER TIPP Glänzende Aussichten
Vom *Lookout* auf dem 196 m hohen Mount Victoria, Wellingtons Hausberg, blicken Sie über die ganze Stadt und den Hafen. Steigen Sie am Abend hinauf, liegt Ihnen Neuseelands Kapitale als funkelndes Lichtermeer zu Füßen → S. 63

INSIDER TIPP Brötchen mit Meerblick
In der *Beach Bar* in dem schönen kleinen Seebad Sumner bei Christchurch nehmen Sie Frühstück, Lunch oder Kaffee direkt am Meer ein – herrlich → S. 73

INSIDER TIPP Abseits der Wege

Im wilden Buschland der *Catlins* mit seinen idyllischen Wasserfällen und einsamen Buchten sind die Neuseeländer noch weitgehend unter sich (Foto u.) → S. 79

INSIDER TIPP Fangfrisches in Moeraki

Fleur's Place ist ein uriges Fischrestaurant mit eigener Räucherei. Spezialität: die seltenen Muttonbirds, Sturmtaucher, eine Maori-Spezialität → S. 79

INSIDER TIPP Typisch West Coast

Okarito steht für unverfälschtes, raues Küstenleben an der Tasman Sea zwischen dichtem Regenwald und den Bergen der Südalpen. Nur 30 Menschen leben in der einstigen Goldgräbersiedlung → S. 83

INSIDER TIPP Sandiger Nordzipfel der Südinsel

Allradsafaris erschließen Ihnen die entlegene Dünenlandschaft am *Farewell Spit* mit faszinierendem Vogelschutzgebiet → S. 90

INSIDER TIPP Romantische Nächte

Wer seine Kräfte auf dem Spielplatz Queenstown komplett verausgabt hat, der fährt ins kleine Örtchen Clyde und tankt im historischen Gemäuer des originellen Hotels *Oliver's Central Otago* gründlich auf – in schöner Lage mit viel Ruhe und Atmosphäre → S. 98

INSIDER TIPP Kiwi Spotting

Auf der Pirsch nach dem Nationalvogel: In Freiheit machen Sie den scheuen, flugunfähigen und fast blinden Kiwi am ehesten im schummrigen Unterholz auf *Stewart Island* aus (Foto li.) → S. 100

INSIDER TIPP Fjord der Stille

Der Urwald im größten Nationalpark Neuseelands, im Fiordland, ist bis heute wild und schwer zugänglich. Eine Tagestour bringt sie über den tiefen Lake Manapouri zum *Doubtful Sound*. Horchen Sie doch mal, mit welch betörender Lautlosigkeit er sich in Schweigen hüllt → S. 104

BEST OF ...

TOLLE ORTE ZUM NULLTARIF

Neues entdecken und den Geldbeutel schonen

SPAREN

Freie Sicht vom Kraterrand

Der Sky Tower belastet die Reisekasse, auf dem *Mount Eden* dagegen, dem fast 200 m hohen erloschenen Vulkan, liegt Ihnen ganz Auckland gratis zu Füßen – allerdings nur während der Öffnungszeiten des umliegenden Parks → S. 35

Kühle Wellen, heiße Quellen

Kostet kein Geld, nur etwas Zeit: Am *Hot Water Beach* auf der Coromandel-Halbinsel dreht die Erde bei Ebbe ihre Warmwasserhähne auf. Dann sprudeln die Thermalquellen aus dem Strand. Graben Sie sich einfach eine Mulde und lassen Sie sich schön durchwärmen → S. 40

Kunst am Klo

In *Kawakawa* gibt's zur kostenlosen Nutzung der öffentlichen Toiletten noch Kunstgenuss gratis obendrauf. Wahl-Neuseeländer Friedensreich Hundertwasser hat hier künstlerisch Hand angelegt → S. 52

Neuseeland unter einem Dach

Das phantastische Nationalmuseum *Te Papa Tongarewa* in Wellington verlangt allenfalls für zeitlich begrenzte Sonderausstellungen Eintritt. Ansonsten gilt hier: New Zealand for free mit ungewöhnlichen Einblicken in Natur und Gesellschaft der Nation → S. 64

Tölpel-Tour

Viele Wege führen zu den *gannets*, aber kostenlos kommt der großen *Tölpel-Kolonie* am Festland nur nah, wer den sechsstündigen *Fußmarsch* hin und zurück den Strand entlang nicht scheut – ein tideabhängiger Tagesausflug und ein echtes Naturerlebnis! → S. 48

Outdoor Glowworms

Glühwürmchenzauber in den Höhlen bei Waitomo kostet. Draußen gibt's die Natur-Illumination nach Einbruch der Dunkelheit ganz umsonst: beim wildromantischen *Ruakuri Bush Walk*, einem Rundwanderweg durch eine aufregende Schlucht. Taschenlampe nicht vergessen! → S. 60

TYPISCH NEUSEELAND

Das erleben Sie nur hier

Stilsicher in Art-déco

In *Napier* sollten Sie sich unbedingt auf einen Rundgang durch die ansehnlichen Straßen begeben – er beschert Ihnen eine einzigartige Zeitreise in die Design-Geschichte, als Art-déco auch in der Architektur der letzte Schrei war. Keine andere Stadt auf der Welt beweist so viel Stiltreue, ist so geschlossen in ihrer Baukunst → S. 46

Geburtsort Neuseelands

Besuchen Sie den malerischen Originalschauplatz der Staatsgründung Neuseelands: die Steilküste mit Blick auf die bezaubernde Bay of Islands. Als eine Art Freilichtmuseum halten heute die *Waitangi Treaty Grounds* den Ort in Ehren und lassen die abenteuerlichen Anfänge der Nation lebendig werden → S. 50

Maori-Folklore

Einblicke in die Maori-Kultur bekommen Sie in Rotorua, wo Neuseelands erste Einwanderer ihren großen polynesischen Auftritt haben. Kulinarischer Höhepunkt einer Folkloredarbietung mit Tanz und Gesang ist das *Hangi,* ein traditionell im Erdofen gegartes Festessen, das Ihnen in üppigen Portionen serviert wird → S. 55

Vogelparadies am Stadtrand

Albatrosse verbringen die meiste Zeit ihres Leben in der Luft. Auf der Otago Peninsula bei Dunedin können Sie einen seltenen Blick auf die kühnen Flieger werfen. Dort liegt eine der wenigen *Festlandkolonien*, im Januar/Februar schlüpfen hier die Albatros-Küken → S. 80

Steinhart und einzigartig

Jedes Andenken aus *Greenstone* ist ein Stück Neuseeland zum Mitnehmen. Die Jadeart kommt ausschließlich an der West Coast vor. In Hokitika, dem Zentrum der Greenstone-Verarbeitung, können Sie Massenware ebenso erstehen wie kostbare Schmuckstücke → S. 86

Mutprobe am Gummiseil

Bungy Jump (Foto) ist eine Erfindung der Kiwis: der freie Fall in die Tiefe, am Ende nur gestoppt von einem elastischen Band um die Fußfesseln. In und um die Abenteuerhochburg Queenstown können Sie sich vielerorts hinab stürzen, selbst aus 134 m Höhe beim *Nevis Bungy* → S. 95

BEST OF ...

SCHÖN, AUCH WENN ES REGNET

Aktivitäten, die Laune machen

Im Haifischbecken

An Aucklands Waterfront tauchen Sie trockenen Fußes in die Unterwasserwelt des Pazifischen Ozeans ein, sehen Haie, Mantarochen und bunte Korallenfische. Möglich macht's der gläserne Tunnel im Riesenaquarium von *Kelly Tarlton's* → S. 126

Kiwi-Kindergarten

Kiwi Encounter heißt die Aufzuchtstation in Rotorua, die beim Nachwuchs der ureigenen Vogelart Neuseelands Pate steht und dazu beiträgt, dass wieder mehr der struppigen, flugunfähigen und fast blinden Federtiere die Wälder durchstreifen → S. 55

Vom Erdboden verschluckt

In den *Waitomo Glowworm Caves* (Foto) illuminieren Glühwürmchen allerhand Höhlenabenteuer – unabhängig vom Wetter. Allerdings können Sie auch unter der Erde nass werden: beim *Blackwater Rafting* mit luftgefüllten Schwimmreifen → S. 60

Oase unterm Dach

Ist es draußen ungemütlich, empfiehlt sich ein ausgedehnter Besuch des *Polynesian Spa* in Rotorua. Ein Teil des attraktiven Thermalbads ist überdacht. Sowohl therapeutische als auch kosmetische Anwendungen verwöhnen bis in die Zehenspitzen → S. 56

Kurztrip zum Südpol

Ganz ohne Frostbeulen und Schneegestöber dem eisigen Kontinent begegnen: Das *International Antarctic Centre* in Christchurch schlägt eine Brücke zur Scott Base am Südpol → S. 73

Rätselraten

Die *Puzzling World* in Wanaka wird Ihnen Kopfzerbrechen bereiten: mit lauter Sinnestäuschungen, Verwirrspielen und verzwickter Puzzles, deren Rätsel nur löst, wer logisch denkt und Sitzfleisch hat → S. 127

REGEN

ENTSPANNT ZURÜCKLEHNEN

Durchatmen, genießen und verwöhnen lassen

Raddampfer-Romantik

Wo sich der Lauf des Whanganui River breit und träge der Mündung nähert, legen hübsch hergerichtete historische Dampfschiffe wie die „*Waimarie*" zu erholsamen Flussfahrten ab, vorbei an stillen, naturbelassenen Ufern so weit das Auge reicht → S. 61

Therapie im Thermalgebiet

Was in und um *Rotorua* aus der Erde brodelt, tut Ihrem Körper und Ihrer Seele gut. Nehmen Sie Schlammbäder, lassen Sie sich vom heißen Wasserstrahl massieren oder baden Sie entspannt in Thermalbecken → S. 54

Lunch zwischen Weinreben

Ein idyllisch gelegenes Weingut (Foto), eine lauschige Terrasse und hervorragende Speisen sind die Zutaten für ein herrlich kraftspendendes Mittagessen. Machen Sie es wie die *locals* und besuchen Sie die nette kleine *Vineyard Kitchen* des Weinguts *Saint Clair* in Marlborough → S. 92

Kerzenlicht am Badezuber

„Candlelight Package" lautet das Zauberwort, mit dem in den *Onsen Hot Pools* bei Queenstown ein megaromantisches Bad im privaten Pool zelebriert wird. Oben südlich glitzernder Sternenhimmel, unten flackerndes Kerzenlicht – was braucht man mehr zum Glück? → S. 96

Unterm Sternenzelt

Am *Observation Point* auf Stewart Island erscheinen die Sterne zum Greifen nah. Ein echter Platz für Romantiker. Nirgendwo sonst im Land können Sie in klaren Nächten die Formation des Southern Cross besser betrachten → S. 100

Sanfte Nachtruhe im Fjord

Die viel gerühmte Stille des Milford Sound im Fiordland erfahren Sie nur, wenn Sie mitten auf dem Wasser des Fjords übernachten. Warum nicht bei einer *Overnight Cruise* mit allem Komfort an Bord eines Schiffs? → S. 105

AUFTAKT

ENTDECKEN SIE NEUSEELAND!

Behaupten Sie besser nicht, dass Neuseeland „irgendwo bei Australien" liegt. Erstens trennen immerhin über ***zweieinhalb Flugstunden*** die beiden Landmassen, zweitens nimmt die ***Rivalität*** zwischen den beiden Völkern zwar nicht immer ernst gemeinte, doch auf jeden Fall kuriose Ausmaße an. Schlimm genug, dass ausgerechnet der ***Kiwi*** (Neuseelands Symboltier) eher vom australischen Emu als vom schon lange ausgestorbenen neuseeländischen Moa abstammen soll. Der ***Aussie***, lästert der Kiwi (der Mensch), sei ein ungeschliffener Nachfahre englischer Strafgefangener, die 1788 den Kontinent besiedelten. Der Kiwi aber, kontert der Aussie, habe nur Angst, dass sein ***Inselstaat*** endgültig ***rechts unten von der Landkarte*** rutsche. Die noch größere Angst dabei werde sein, dass es niemand bemerken könnte.

Die Existenz am ***Rand des Weltgeschehens*** wird von den Neuseeländern mit Selbstironie hingenommen. Kiwi nennen sie sich selbst nach dem heimischen halb blinden, flugunfähigen und etwas plumpen Vogel. Rund 30 Mio. Schafe und ***4,7 Mio. Einwohner*** teilen sich Nord- und Südinsel und, ganz im Süden, Stewart Island. Die Längenausdehnung beträgt rund ***1700 km***, die Fläche 268 000 km^2 (in Deutschland sind es 357 000 km^2). Würde man zwischen Frankreich und Marokko entlang des Durchmes-

Bild: Mount Taranaki auf der Nordinsel

Wo Politiker bienenfleißig sind: Wellingtons „Beehive" mit angrenzendem Parlamentsgebäude

sers der Erdkugel ein Loch graben, so käme man – rein theoretisch – in Neuseeland wieder an die Oberfläche. Beide Hauptinseln trennt nicht nur die Meerenge ***Cook Strait***. Welten liegen zwischen dem ***reicheren***, dichter besiedelten ***Norden*** und dem wirtschaftlich schwachen, aber landschaftlich ***reizvolleren Süden***. Auch die Metropole ***Auckland***, in der statistisch bald jeder dritte Neuseeländer wohnt, befindet sich auf der Nordinsel. Ebenso wie die Hauptstadt ***Wellington***, wenn auch am äußersten Südzipfel. Da kann die Südinsel mit ihren „Großstädten" Dunedin und Christchurch nur schwer dagegenhalten.

Geologisch ist Neuseeland ein „Newcomer", ragt erst ***seit 100 Mio.*** Jahren aus dem Meer. Zum Vergleich: Die Erde ist vor ca. 4,7 Mrd. Jahren entstanden. Dass es im In-

ca. 925
Kupe, ein berühmter polynesischer Navigator, erreicht, so besagt es zumindest die Maori-Überlieferung, die Inseln. Wissenschaftler weisen aber nach, dass eine erste Besiedlung erst 1280–1300 n. Chr. begonnen hatte. In diesem Zeitraum erreichten Polynesier (Maori) in großen Kanus Aotearoa, das „Land der langen weißen Wolke". Sie kamen aus dem sagenhaften Hawaiki, dessen genaue Lage bis heute unbekannt ist

1642
Abel Janzoon Tasman annektiert Neuseeland als „Staten Land" für Holland. „Nieuw Zeeland" wird es später genannt

neren ab und an ganz ungestüm bebt, hat mit der ***Erdbebenzone*** zu tun, in der Neuseeland liegt. 1931 vernichteten Erdstöße die Städte Napier und Hastings, mehr als 250 Menschen kamen bei der ***Katastrophe*** ums Leben. Ein Erdbeben Anfang 2011 beschädigte die Stadt ***Christchurch*** schwer und forderte 185 Menschenleben. Dass im Erdinneren noch allerhand los ist, zeigt sich vielerorts auch an der Oberfläche. Weiträumige ***Thermalgebiete*** in und um Rotorua brodeln vor sich hin, und auf der Coromandel-Halbinsel sprudelt ***heißes Wasser*** sogar aus dem Sand eines Meeresstrands. Der Vulkan Tarawera bei Rotorua brach 1886 zuletzt aus und verschüttete ein ganzes Dorf – heute als „Buried Village" ein Freilichtmuseum.

Dabei ist Neuseeland eher ein ***beschauliches*** Stückchen Erde. Es gibt keine wilden, gefährlichen Tiere: Den ***Urwald*** können Sie hier so ***sicher*** durchwandern wie anderswo öffentliche Parks am Sonntagnachmittag. In den Großstädten hat zwar die Kriminalität in den letzten Jahren zugenommen, verglichen jedoch mit dem Rest der Welt herrscht in Neuseeland noch ein bisschen ***heile Welt***.

Geologisch ist Neuseeland ein „Newcomer"

Was den Umgang mit der ***Natur*** angeht, ist Neuseelands Welt allerdings ***nicht ganz so heil***, wie sie sein könnte. Denn in Sachen Umweltschutz hinken die Kiwis anderen westlichen Nationen hinterher. Schade, denn bereits 1972 wurde in der Hauptstadt Wellington eine nationale Umweltpartei gegründet, damals die einzige welt-

1769
Am 9. Oktober des Jahres landet Entdecker James Cook in der Nähe des heutigen Gisborne und nimmt die Inseln für König George III. in Besitz

1840
Am 6. Februar wird der „Treaty of Waitangi" zwischen den Pakehas (Weißen) und den Maori unterzeichnet, in dem die Maori die britische Souveränität akzeptieren, Land an die Siedler abtraten und gleichzeitig die Privilegien britischer Bürger erhalten. Zum selben Zeitpunkt aber kauft die „New Zealand Company" Maori-Land auf, um es dann an englische Siedler zu veräußern – bis heute Streitpunkt

weit. Seit 1990 sitzt die daraus hervorgegangene ***Green Party*** mit im Parlament und verzeichnet im Kampf um „clean green environment" – eine sauberere, grüne Umwelt im Südpazifik nicht unerhebliche Erfolge, insofern ***Minenprojekte*** gestoppt und Naturschutzgebiete wie die ***National Parks*** ausgedehnt wurden. Nur im Alltag der Kiwis hat der Umweltschutz noch nicht so richtig Einzug gehalten: Den meisten fehlt ganz einfach das Geld für abgasarme Neuwagen, eine Solaranlage auf dem Dach oder den Einbau doppelt verglaster Fenster. Im Zuge ***anhaltender Trockenheit*** während der Sommermonate, vor allem auf der Südinsel, haben zumindest alle inzwischen kapiert, dass die im Land überwiegend mit Wasserkraft erzeugte Energie nicht im Überfluss zur Verfügung steht.

Im Alltag der Kiwis hat Naturschutz noch nicht Einzug gehalten

Touristen erwarten in Neuseeland weder Großstädte noch viel Kultur oder reiche Historie, sondern das ***Naturparadies*** auf Erden – und sie werden selten enttäuscht. Wo gibt's das noch? Weiße, ***breite Sandstrände*** im Südsee-Look, auf denen man ganz allein träumen kann, ein üppig grünes und ***blühendes Vegetationsgemisch***, aufregende Wanderstrecken, die in die zivilisationsfernen ***Hochgebirgsregionen*** der Südalpen führen, und glückliche Vögel, deren Gezwitscher alle Ornithologen begeistert und die zum Teil mangels Feinden sogar das Fliegen verlernt haben. Allerdings haben die zahlreichen ***Meerestiere*** im Südpazifik eifrige Hochseefischer zu fürchten.

Frühling, Sommer, Herbst und Winter – Neuseeland ***lebt in Jahreszeiten***. Im ***Juli*** erobern die ***Skifahrer*** die schneesicheren Hänge der Südalpen um Queenstown und Wanaka. Angenehm sind die Temperaturen dann immer noch im ***subtropischen Norden*** der Nordinsel. Und im ***Sommer***, um Weihnachten und ***Neujahr***, ist Hochsaison. Dann zieht es den Kiwi mit Kind und Kegel, Holzkohlegrill, Boot und Angel ans Wasser. Landschaftlich reizvolle ***Küstenabschnitte*** verwandeln sich flugs in ***Zeltgrundstücke*** – wenn sie nicht schon mit Ferienhäusern besiedelt sind.

Zweite Leidenschaft der Neuseeländer: Sie hegen und pflegen ihre ***junge Geschichte***. Ein 150 Jahre altes Haus lockt staunende, sogar Eintritt zahlende Besucher an. Lassen Sie sich nicht von der Bezeichnung ***„Museum"*** täuschen. Ab und an steckt dahinter

1947 Neuseeland erlangt seine Unabhängigkeit von Großbritannien, bleibt aber Mitglied im Commonwealth

1985 Die Regierung erklärt das Land zur weltweit ersten atomwaffenfreien Zone

2011 Ein schweres Erdbeben trifft Christchurch; 185 Menschen sterben

2015 Neuseelands All Blacks werden zum dritten Mal Rugby-Weltmeister

2016 Ein Referendum über eine neue Nationalflagge scheitert knapp

lediglich eine Rumpelkammer mit allerhand Gerätschaften, die genau genommen auf den Sperrmüll gehören. Andererseits zeichnet so manche Sammlung ***in der brüchigen Scheune*** die Liebe zum Detail aus.

1999 brachte der Wahlsieg der von Helen Clark geführten Labour Party die politische Wende. Die ***Gleichberechtigung*** der Maori ist gesetzlich verankert und ihrer Interessenwahrnehmung wird große Bedeutung beigemessen – vor allem von der Labour

Auf jeden Einwohner Neuseelands kommen durchschnittlich 6,4 Schafe

Party als auch von der konservativen National Party, die u. a. mit Unterstützung von Maori-Vertretern inzwischen die Regierung stellt. Dennoch sind sie bei den ***Sozialhilfeempfängern*** und Arbeitslosen noch immer ***überproportional*** vertreten.

Weihnachten ist Hochsaison, da zieht es den Kiwi ans Wasser

Lang ist es her, dass Neuseeland zu den reichsten Nationen der Erde zählte. Heute liegt das ***Durchschnittseinkommen*** eines Arbeitnehmers jährlich bei ***44 000 NZ$***, bei Redaktionsschluss umgerechnet etwa 26 500 Euro. Etliche Neuseeländer müssen ihr Einkommen mit ***Nebenjobs*** aufbessern. Umso bewundernswerter, wie die Kiwis den Alltag meistern: mit viel ***Mut zum Improvisieren*** und einem Naturparadies gleich vor der Haustür.

Die intakte Natur ist zugleich die ***Trumpfkarte*** der Neuseeländer. Fast ***2 Mio. Touristen*** entdecken die Nord- und Südinsel am Ende der Welt pro Jahr: per Auto oder ***Wohnmobil***, mit dem Mountainbike oder zu Fuß. Sie sind herzlich eingeladen!

IM TREND

1 Gerste, Hopfen, Anis?

Bier Das Reinheitsgebot vergessen manche Brauereien in Neuseeland, aber keinesfalls zu Ihrem Nachteil. Die Bier-Kreationen der *Invercargill Brewery (72 Leet Street | Invercargill)* etwa enthalten Koriander, Honig oder Maracuja – und schmecken! In der *Three Boys Brewery (Christchurch | www.threeboysbrewery.co.nz)* landet auch Zitrone in dem Kessel. Und die *Renaissance Brewing Company (1 Dodson Street) (Foto)* in Blenheim mischt sogar Haferflocken oder auch Schokolade ins Stout sowie Gewürze ins Roggenbier.

2 Hula Hoop

Gegen Speckringe Lassen Sie den Hula Hoop kreisen, das stärkt Muskeln, verschlankt Taille wie Hüfte, sorgt für Flexibilität – und Spaß. Aucklands *Performing Arts School (100 Motions Road)* gibt Kurse im „Hip Hoop". Wer viel Zeit mitbringt, schreibt sich in Christchurch für einen achtwöchigen „In 2 Hula"-Kurs *(www.hulahoops.co.nz)* ein. Und bei *Hoopnotica (www.hoopnotica.co.nz) (Foto)*, ebenfalls in Christchurch, können Sie sich mit DVDs und Hoops für das Workout zu Hause eindecken.

3 Wie gemalt

Graphic Novels Comics sind Kunst – beweist Mathew Tait aus Motueka mit seinen Schwarz-Weiß-Strips *(www.mattait.com)* ebenso wie sein preisgekrönter Kollege Ant Sang *(www.antsang.co.nz) (Foto)*. Seine „Dharma Punks"-Reihe ist auch in Galerien zu sehen. Riesenauswahl bietet *Graphic (106 Cuba Mall | Wellington | www.graphiccomics.co.nz)* seit über einem Vierteljahrhundert. Raritäten hat *Comics Compulsion (58 Main North Road | Papanui | Christchurch)*.

In Neuseeland gibt es viel Neues zu entdecken. Das Spannendste auf diesen Seiten

Surf on Wood

4

Eco-Surfing Die Wellenreiter vor Neuseelands Küste steigen nicht auf irgendein Brett. Sie alle träumen fast ausnahmslos von Mike Grobelnys Designs *(www.mikegrobelny.blogspot.com) (Foto)*. Dessen Bretter aus Bambus haben schon den Surfer-Pro Luke Hughes überzeugt. Eyecatcher sind die aufwendigen Verzierungen und Schnitzereien. Beinahe ebenso beliebt sind die hölzernen Kreationen von Roger Hall *(8 Kepa Road | Ruakaka | www.surfline.co.nz)*. Wer es sich leisten kann, lässt hier ein Surfboard nach Maß fertigen. David Farrar und Sean Newton legen bei *Big Woody (19a Portside Drive | Mount Maunganui)* in Ihrem Auftrag Hand ans Holz. Aus dem nachhaltigen Holz der Paulownie entstehen Bretter nach Wunsch. Wer sich anmeldet, kann dort eine Reihe von Boards testen.

Schlafstätten

5

Exzentrisch Kein Auge zugemacht? Das passiert vielen Gästen in ihrer ersten Nacht im *Woodlyn Park (1177 Waitomo Valley Road | Waitomo) (Foto)*. Schlafend würde einem einfach zuviel entgehen! Denn die zwei Hotels auf dem Gelände sind keine gewöhnlichen Herbergen, sondern eine alte Propellermaschine und eine Hobbithöhle. Für manche Urlauberin wird mit der Übernachtung im *The Boot (320 Aporo Road)* ein Traum wahr. Das Hotel in Tasman (Nelson) hat nämlich die Form eines Schuhs. Hundertprozentig laufstegtauglich ist das Modell jedoch nicht! Rund 30 Minuten von Christchurch kommen Sie in der luxuriösen *Planwagensiedlung (Wagonstays) (2115 Old West Coast Road | West Melton | www.canopycamping.co.nz)* unter. Auf TV und Queensize-Bett müssen Sie dort nicht verzichten.

FAKTEN, MENSCHEN & NEWS

CYCLING

Radfahren gehört seit einigen Jahren zu den beliebtesten Freizeitsportarten der Neuseeländer. Wobei die Betonung auf „Sport" liegt. Denn cycling *down under* dient weniger dem zeitsparenden oder ökologisch korrekten Vorankommen als vielmehr der körperlichen Ertüchtigung – eine Art Volksbewegung im Zug der anhaltenden Fitnesswelle. Etliche schwingen sich aufs Rad und trainieren hart für Ihre Ausdauer. Tourenräder sehen Sie hier so gut wie gar nicht, dafür umso mehr schnittige Rennräder und geländegängige Mountainbikes. Immer nach Feierabend und an Wochenenden werden Straßen und Pisten förmlich überrollt von pfeilschnellen Menschen in hautengen Outfits und dem verordneten Helm auf dem Kopf. Seien Sie also auf der Hut, sollten Sie in scheinbar ruhigen Gegenden gemächlich die Straße überqueren.

EINWANDERER

Seit jeher haben Einwanderer die einst menschenleeren neuseeländischen Inseln bevölkert. Erst nur Maori, später Immigranten aus der ganzen Welt, die meisten aus Großbritannien und Irland. Heute sind knapp 75 Prozent der Neuseeländer europäischer Abstammung, Tendenz sinkend. Dafür nimmt der Anteil asiatischer Volksgruppen rapide zu: Bereits über zwölf Prozent stammen aus Asien, das sind 65 Prozent mehr, als aus dem Pazifikraum (Südsee-Inseln) kommen.

Bild: Briefkästen am East Cape

Wo Weihnachtsbäume im Sommer grünen und Vögel nicht fliegen: Besonderheiten aus dem Land der langen weißen Wolke

Neuseeland würde gern als Schmelztiegel der Kulturen funktionieren, doch vor allem die Chinesen und Koreaner tun sich schwer mit der Integration.

FAUNA

Obwohl ziemlich hässlich, halb blind und struppig, ist der *Brown Kiwi* der am meisten umsorgte Vogel Neuseelands. Er ist eine von insgesamt fünf Vogelarten, die das Fliegen mangels Feinden verlernt haben, und steht, obwohl nicht mehr vom Aussterben bedroht, unter Naturschutz. Wie auch der blaugrüne *Takahe* (vergleichbar mit unserem Teichhuhn) und der Eulenpapagei *Kakapo.* Viele der hier vorkommenden 250 Vogelarten gibt es nur in Neuseeland, wie den *Tui* und den *Kea.* Letzterer ist zweifellos der frechste Vogel, ein grüner Bergpapagei mit einem scharfen Schnabel, der überhaupt keinen Respekt vor Gummidichtungen an Autotüren oder vor Scheibenwischerblättern hat. Während die Moas (Riesenlaufvögel) ausgestorben sind, haben sich eingeführte Tiere wie Rotwild,

Wiesel und Possum mangels natürlicher Feinde zu stark vermehrt. Also werden sie gejagt, besonders das Blumenbeete leer fressende Possum.
Die Küstengewässer sind immer noch reich an großen und kleinen Fischen. Saisonbedingt tauchen riesige Wale auf. Die Binnengewässer sind voller Leben, zum Teil reich gesegnet mit schillernden Regenbogenforellen. Zwei Fledermausarten sind die einzigen heimischen Landsäugetiere. Außerdem lebt in Neuseeland noch eine der ältesten Tierarten der Welt: Seit 200 Mio. Jahren bevölkert die Gattung der Brückenechse, *Tuatara,* die Erde.

FLORA

Welche Vielfalt unterschiedlicher Farne die Natur hervorgebracht hat, zeigt sich im neuseeländischen Busch, einem dicht verschlungenen Urwald in subtropisch-gemäßigtem Klima. Fast 200 verschiedene Arten Farn gibt es, einige werden bis zu 15 m hoch, manche bringen es auf eine Blattlänge von 3 m. Mitte des 18. Jhs. waren noch zwei Drittel des Landes mit dichten Wäldern überzogen, heute ist es weniger als ein Drittel. Die unter Naturschutz stehenden Kauri-Bäume gehören in den Wäldern Neuseelands heute zu den Raritäten. Schneller machen sich eingeführte Baumarten, z. B. Pinien, breit, zum Nachteil der ursprünglich beheimateten Baumarten wie Rata oder Pohutukawa, dem neuseeländischen Weihnachtsbaum, der Ende Dezember mit seinen knallroten Blüten für die richtige Feststimmung sorgt.

FRIDAY NIGHT

Immer wieder freitags gerät das Nachtleben downunder aus den Fugen. Dann steigt der Alkoholkonsum springflutartig an, nicht nur in Pubs und Bars, sondern auch bei Partys und Veranstaltungen. Koma-Saufen *(binge drinking)* hat leider auch unter den jüngeren Neuseeländern zugenommen. In einigen der berüchtigten „watering holes", also jenen Lokalen, in denen über die Maßen getankt wird, kommt es zu späterer Stunde auch gerne mal zu Handgreiflichkeiten unter angetrunkenen Gästen. Diese Lokale sollten Sie tunlichst meiden. Und in den Innenstädten von der Straße bleiben. Denn dort sind freitags die „hoons" unterwegs: junge Leute in ihren frisierten und tiefer gelegten Kisten, die mit aufheulenden Motoren um die Blocks jagen. Die Polizei behält das Treiben im Blick, unternimmt aber nicht viel dagegen.

GEOLOGIE

Vor ungefähr 230 Mio. Jahren, als Australien schon eine Landmasse für sich war, lag Neuseeland noch unter der Meeresoberfläche. Mehr als 130 Mio. Jahre mussten noch vergehen, bis im Zuge vulkanischer Tätigkeit und tektonischer Erdbewegungen Neuseeland auftauchte. Eiszeitliche Gletscher formten die Oberfläche und haben sichtbare Spuren hinterlassen: Fjorde, lang gezogene Seen und Moränenlandschaften. Vulkanische und thermische Aktivitäten prägen und verändern noch heute das Landschaftsbild. Drei Viertel der Landfläche liegen mehr als 200 m über dem Meeresspiegel, über 3000 m erheben sich die Gipfel der Südinsel. Weitere Informationen zu Vulkanen und Erdbeben unter *www.geonet.org.nz*

LANDWIRTSCHAFT

Neuseeland wird häufig als die größte Farm der Welt bezeichnet. Rund 170 000 km² (von 268 000 km² Gesamtfläche) werden landwirtschaftlich genutzt zum Anbau von Kulturpflanzen und als Weideland für Rinder, Schafe und Rotwild. Einige der 27 000 Schaffarmer sind

Von Seele zu Seele: Mit dem traditionellen Hongi grüßen sich Maori respektvoll und ohne Worte

zweifellos Großgrundbesitzer, die ihre meist weit abgelegenen Ländereien nicht mehr zu Fuß abgehen können. Seit den 1960er-Jahren wird Wildfleisch nach Europa exportiert und auf den ersten Farmen Rotwild gezüchtet. Inzwischen gibt es rund 4000 Wildfarmen mit insgesamt 2 Mio. Tieren.

Ein anderer Exportschlager ist das Obst. Als Vorzeigefrucht muss *The world's finest kiwifruit* herhalten, obwohl viele Farmer nicht den erhofften Profit erzielen. Anbau, Ernte und Versand der empfindlichen Kiwis sind arbeits- und kostenintensiv. Neuseeländische Apfelbauern profitieren von den verschobenen Jahreszeiten: Im europäischen Winter und Frühling können sie die Obstregale der Supermärkte mit erntefrischen Äpfeln füllen.

MAORI

Rund 700 000 Menschen in Neuseeland bezeichnen sich als Maori. Woher die Polynesier genau kamen, damals vor über tausend Jahren, weiß keiner. Sie selbst behaupten, aus *Hawaiki,* einem Land, das so rätselhaft ist wie Atlantis, vermutlich aber im Bereich Französisch-Polynesiens liegt (Insel Raiatea). Die einfachen, schlanken Holzkanus mussten Tausende von Kilometern wilden Ozeans hinter sich bringen, bis sie am Schluss ihrer Expedition *Aotearoa* fanden, das „Land der langen weißen Wolke", wie Neuseeland in der bildhaften Sprache der Maori genannt wird. Der *Iwi,* der Stamm, war die größte Einheit, die die Maoris zu dieser Zeit kannten. Er wurde geleitet von einem Häuptling, dem *Ariki,* der allerdings Entscheidungen nicht allein traf. Auf den Dorfplätzen, den *Marae,* wurden Versammlungen abgehalten, bei denen jedes Familienoberhaupt seine Meinung kundtun konnte. Zwischen den Stämmen bestanden Handelsbeziehungen. Über 500 Maori-Stämme teilten sich im 19. Jh. Nord- und Südinsel. Mit der Besiedlung Neuseelands durch die Weißen wurden Unzählige allein durch eingeschleppte

Nur Wanderer sind in Schutzgebieten wie dem Mount Cook Nationalpark zugelassen

Krankheiten dahingerafft. Als am 6. Februar 1840 der Vertrag von Waitangi geschlossen wurde, der den Maori die Privilegien britischer Bürger zusicherte und – zumindest auf dem Papier – ihre Landrechte schützte, lebten 100 000 Maori, aber nur etwa 1000 europäische Siedler in Neuseeland. 18 Jahre später waren die Weißen bereits in der Überzahl. Aggressive Siedlerpolitik, aber auch Uneinigkeit der Maori-Stämme machten den im kolonialen Zeitalter sicherlich recht fortschrittlichen Vertrag zunichte.

Seit Jahrzehnten schon leben Maori und *Pakeha* (die Weißen) harmonisch nebeneinander, aber nicht unbedingt miteinander. Die weißen und die dunkelhäutigen Neuseeländer blieben in vielen Punkten ein Volk fremder Nachbarn, obwohl es offizielle Rassenschranken oder Diskriminierungen bis heute nicht gibt. Trotzdem sind die Maori gegenüber der weißen Bevölkerung in vielen Bereichen benachteiligt: Sie stellen einen großen Teil der Arbeitslosen und Sozialhilfeempfänger. Ein großer Teil der jüngeren Generation bemüht sich allerdings mit Unterstützung des Staates um ein neues polynesisches Selbstbewusstsein, *Maoritanga* genannt. Sprache und Kultur werden wiederbelebt, doch nur ein Fünftel der Maori ist der Maori-Sprache mächtig.

Das Streben nach Besitz und Konkurrenzdenken ist den Maori noch immer fremd. Ansonsten unterscheidet sich ihre Lebensform kaum noch von der der weißen Bevölkerung Neuseelands. Weitere Infos unter *www.maori.org.nz*

NATIONALPARKS

Die 14 Nationalparks Neuseelands nehmen mit fast 30 000 km² zehn Prozent der Gesamtfläche ein. Hinzu kommen noch drei Maritime Parks an der

Küste und andere Schutzgebiete, sodass insgesamt 35 Prozent der Landesfläche unter Naturschutz stehen.
Nur Wanderer dürfen auf unterschiedlich langen und schwierigen Tracks tief in die abgeschiedene Natur eindringen, vorausgesetzt, sie lassen nichts zurück außer Fußspuren.

OPEN HOME

Wer einfach mal sehen will, wie es bei Neuseeländern daheim aussieht, sollte eine der öffentlichen Einladungen zur Hausbesichtigung wahrnehmen, bei der, zu festgelegten Zeiten, die jeweilige Immobilie zum Verkauf angeboten wird. Also keine Scheu, wenn ein Schild am Grundstück das Objekt als „Open Home" ausweist! Andere schauen, vor allem samstags oder sonntags, auch nur aus Neugier herein, die wenigsten Besucher sind ernsthafte Kaufinteressenten. Denn auf dem Immobilienmarkt sind in den vergangenen Jahren die Preise derart explodiert, dass viele sich kein Eigenheim mehr leisten können. In Relation zum Einkommen sollen die Häuser in Auckland, so eine Untersuchung, teurer als in New York sein. Bisher haben Generationen von Kiwis vertrauensvoll auf das eigene Haus gebaut, vor allem als Altersversorgung. Junge Leute in größeren Städten haben jetzt das Nachsehen, zumal es überall an bezahlbarem Mietraum mangelt.

POLITIK

Die meisten Kiwis sind längst nicht mehr königstreu, doch die wenigsten geben es zu. Also bleibt der Staat bis auf Weiteres Mitglied des Commonwealth mit der englischen Königin als Oberhaupt. Damit hier kein Zweifel aufkommt: Neuseeland regiert sich heute als souveräner, also unabhängiger Staat ganz allein. Mit der Parlamentswahl in 2008 musste die damalige Premierministerin Helen Clark *(Labour Party)* nach neun Jahren die Regierungsgeschäfte an den konservativen John Key *(National Party)* abgeben. Key bildete eine Mitte-Rechts-Regierung unter anderem mit den Stimmen der Maori-Partei und wurde im September 2014 sehr erfolgreich wiedergewählt. Zur Wahl treten jedes Mal mehr als ein Dutzend Parteien an. Wenn ganz wichtige Entscheidungen für das Land anstehen, werden auch mal Volksabstimmungen abgehalten. So wie im Jahr 2016 zur Entscheidung über eine neue Nationalflagge. Mit knapper Mehrheit entschieden sich die Kiwis dafür, bei der alten Flagge mit dem britischen Union Jack in der Ecke zu bleiben.

UMWELTSCHUTZ

Ausgerechnet im Naturparadies Neuseeland sind Umweltsünden leider an der Tagesordnung: Zu viele offene Kaminfeuer und zu viele alte Autos verschmutzen die Luft, zu viele Vorgärten, Parks und Rasenflächen verschwenden in heißen Sommern die Wasserreserven. Und die meisten Häuser werden immer noch so gebaut, als sei Energieeinsparung durch Wärmedämmung purer Luxus. Alle wissen, dass es so nicht weiter geht. Doch bis auch der letzte Kiwi vom Umweltschutz überzeugt ist und Felder nach der Ernte nicht mehr abgebrannt werden, wird noch Zeit ins Land gehen.
Zumindest gibt die Regierung mit einem umfassenden Katalog an Vorschriften und Sanktionen den richtigen Weg vor. Selbst Supermarktbetreiber haben inzwischen ein Einsehen und schaffen nach und nach die kostenlose Plastikeinkaufstüte ab. Immerhin, ein paar Pioniere gibt es auch *down under* und die zählen explizit auf das Umweltbewusstsein der Neuseeland-Reisenden: „Eco-friendly places to eat, stay and explore in New Zealand", also lauter Ökospots, listet *www.organicexplorer.co.nz* auf.

ESSEN & TRINKEN

Lange genug haben die *Briten* in den Töpfen gerührt. Zum *Leidwesen* vieler Gourmets, die noch in den 1980er-Jahren allen Grund hatten, die neuseeländische Variante der verrufenen englischen Kochkunst zu verfluchen. Heute gehören zu Ledersohlen *verbratene Steaks* der Vergangenheit an.

Die neuseeländische Küche hat ***reichlich Geschmack*** bekommen, nicht zuletzt dank der Entwicklungshilfe vieler ausländischer Küchenchefs. Die heimischen Grundnahrungsmittel sind von ***hervorragender*** Qualität. Was lässt sich nicht alles aus zartem ***Lammfleisch*** kreieren? Rindfleisch wird oft und gern als Steak verspeist: Filet, Rump- und ***sirloin steak*** unterscheiden sich in Zartheit und Preis. Besonders saftig bleibt das marmorierte *rib eye filet*. Die tellergroßen T-Bone-Steaks eignen sich für den Bärenhunger. ***Venison*** ist Fleisch vom neuseeländischen Wild, das, ob Reh oder Hirsch, fast zahm auf Farmen gehalten wird. Tatsächlich fehlt den Fleischgerichten deshalb auch der typische Wildgeschmack. Ganz wild sind die Neuseeländer auf ***chicken***, ob als gebratene Hühnerbrust oder panierte Hähnchenschenkel. Um die Mittagszeit füllt *chicken*, gut sortiert, die Vitrinen der Selbstbedienungstheken in kleinen Imbissen und Coffee Shops. Im Angebot sind auch phantasievoll zubereitete Häppchen wie Sandwiches, ***rolls*** (Brötchen) und ***pies*** (kleine herzhafte Kuchen).

Morgens gibt's nur eines: ***English Breakfast***, das Frühstück zum Sattwerden mit

Bild: Typisch – Meeresfrüchte-Spezialitäten

Feine Lammgerichte, Langusten und Bluff Oysters stehen auf Neuseelands Speiseplan. In aller Stille hat man dazugelernt

Eiern und Schinken, Würstchen und/oder Fisch und *hash browns*, knusprigen, kleinen Bratkartoffeln. ***Mittags (lunch)*** isst man ***kalt***, und zwar – mit allerhand Grünzeug und Sprossen – gesund! Viele Neuseeländer sind wahre ***Gesundheitsfanatiker***.

Einwanderer aus aller Herren Länder haben die gastronomische Vielfalt vergrößert: Kleine, feine ***chinesische*** Restaurants findet man fast überall; die Italiener wagen sich inzwischen mit mehr auf den Tisch als Lasagne und Cannelloni; ***französisch*** kochen in der Regel die Gourmettempel; den zahlreichen japanischen Touristen huldigen vor allem ***Sushibars*** mit ihren rohen Fischhappen.

In den Fischgeschäften liegen ***blue cod*** (Kabeljau), *red snapper* oder heimischer ***hoki*** kopflos und schon filetiert aus. Derart präpariert, schwimmen sie hier auch schnell im Frittierfett und landen anschließend mit Pommes frites in einer Papiertüte, wenn ***Fish & Chips*** als *take away* (zum Mitnehmen) bestellt wurden. 1 kg Pazifikaustern im Plastikschälchen ist

SPEZIALITÄTEN

afternoon tea – nachmittägliche Teepause, zu der süße Brötchen *(scone)* mit Marmelade und Sahne gereicht werden
blt – Speck *(bacon)*, Salat *(lettuce)* und Tomate *(tomato)* verbergen sich hinter der Abkürzung, mit der Hamburger garniert werden oder die für entsprechend belegte Sandwichs steht
latte – populärer Milchkaffee (ein Drittel Espresso, aufgefüllt mit zwei Drittel heiß aufgeschäumter Milch), oft in Pappbechern als „take away" (Foto li.)
muffin – warmes Gebäck für zwischendurch, entweder herzhaft-würzig oder fruchtig-süß (Foto li.)
mussel patty – in Panade gebackene Grünschalenmuscheln
oaky – Bezeichnung für Weine, die in kleinen Eichenfässern gereift sind. Den Barriqueweinen aus Europa ähnlich
oysters kilpatrick – mit Speckwürfeln überbackene Austern
pavlova – zuckersüßes Dessert, das dem steifen Tutu der gleichnamigen russischen Primaballerina ähnelt
pumpkin – ohne Kürbis brodelt im Spätsommer und Herbst kaum eine Suppenküche in Neuseeland. Doch er schmeckt jedes Mal anders, dank unterschiedlichster Rezepte aus Ost und West
sandwich – der traditionell englische Imbiss hat *down under* die Phantasie angeregt und wird heute mit (fast) allem belegt, was zwischen zwei Weißbrotscheiben passt – gerne getoastet und diagonal in handgerechte Happen geschnitten
seafood chowder – eine helle, sämige Meeresfrüchtesuppe zum Sattwerden (Foto re.)
silverbeet – Mangold, schon lange von den Maori angebaut
steak & kidney pie – mit Hackfleisch und Nierenklein gefüllte Pastete, mehr ein deftiger Snack auf die Hand als ein Gaumenkitzler für Gourmets
tuatua fritters – bei den Maori beliebtes frittiertes Muschelgericht, das heute nur noch selten auf den Speisekarten zu finden ist

bei einer ***Oyster Farm*** in der Bay of Islands für rund 10 Euro zu haben. Die *Bluff oysters*, benannt nach der Stadt auf der Südinsel, gibt's meist nur Ende März bis August. Noch günstiger, in der Plastiktüte, sind ***greenshell mussels*** (oder auch *green lipped mussels – Grünlippenmuscheln)*, ähnlich den Miesmuscheln, nur fast doppelt so groß. Schalenlos, haltbar geräuchert und unterschiedlich gewürzt, stillen die Muscheln den kleinen Hunger zwischendurch. Auch mit kleinem Geldbeutel muss man nicht auf **Langusten** *(crayfish)* verzichten. Meist werden die Tiere knallrot, weil schon gekocht und damit verzehrbereit, in unterschiedlichen Größen verkauft. Gute Adressen sind die **kleinen Verkaufsstände** um Kaikoura sowie in Whitianga (Coromandel-Halbinsel). Wenn die Neuseeländer kleine Fische backen, packen sie **white bait**, winzige, junge Hechtlinge, in der Pfanne in ein Omelett ein – ein eher fade schmeckendes Gericht.

Praktisch von der Hand in den Mund ernährt man sich aus dem reich gefüllten **Obstkorb** Neuseelands. Außer Apfel- und Birnensorten locken **nashis,** saftige Kreuzung von Birne und Apfel, preiswerte **Avocados** und Kiwis. Appetit auf einen süßen Erdapfel? Die **kumara**, die Süßkartoffel, wurde schon von den alten Maori im Erdofen zubereitet. Die Garmethode wird für Touristen beim **Hangi** in Rotorua zelebriert.

Weil **Bienenvölker** an der Fülle blühender Vegetation ihre wahre Freude haben, liefern sie eilfertig delikate Honigsorten. Ebenso lecker wie gesund ist **Manuka Honey** (aus der Blüte der gleichnamigen Staude und mit dem Begriff UMF bzw. MGO klassifiziert), dem wissenschaftliche Studien (bei äußerer Anwendung) sogar eine **antibakterielle Wirkung** bescheinigen – ein Hoffnungsträger im Kampf gegen antibiotika-resistente Bakterien.

Riesling, Chardonnay, Cabernet-Sauvignon und **Müller-Thurgau** sind Rebsorten, die auch auf neuseeländischem Boden gedeihen. *Dry* oder *medium dry* – richtig populär als ordentlicher Tischwein ist der günstige **„Cask"-Wine** im Minicontainer (3 l). *Sparkling wine brut* (trockener Sekt) hat Klasse bekommen. Die **Hawke Bay** und die Auckland-Region sind bekannt für gute **Rotweine**, Marlborough mehr für ausgezeichnete Weißweine. Kosten Sie auch **Kiwi-Wein**!

Biertrinker sollten trotz Deutsch klingender Marken keine falschen **Hoffnungen** hegen. Die Gläser kommen wie in England randvoll und ohne Schaum auf die Theke. Sehr beliebt sind die vielen kleinen Boutique-Brauereien, auch **Mikro-Brauereien** genannt, die Sie zuverlässig über die Internetseite *www.beertourist.co.nz* finden. Riesengroß ist die Auswahl bei **Fruchtsäften**, die aufgrund der Apfelschwemme gern über eine **apple base** von bis zu 75 Prozent verfügen, d. h. auch Orangen- und Kirschsaft sind zu drei Vierteln mit Apfelsaft versetzt.

Cocktail oder Latte? Egal, Hauptsache man sitzt draußen

Nicht zuletzt den italienischen Immigranten ist es zu verdanken, dass sich in der Nation eine regelrechte **Kaffeekultur** etabliert hat. Heute beherrscht die/der Barrista die Klaviatur an der Espressomaschine. Eine gefragte Fachkraft, die mehr können muss als bloß Kaffee kochen, denn Cappuccino & Co. lassen sich die Kiwis gerne **zelebrieren**.

EINKAUFEN

An der Wolle von 30 Mio. Schafen kommen Neuseelandbesucher nur schwer vorbei. Besonders hochwertige Strickwaren aus feinster Merinowolle kommen von den Hochlandfarmen auf der Südinsel (z. B. *Icebreaker)*. Echter Luxus auf der Haut sind Kleidungsstücke aus einer Mischung von Merinowolle und Opossum-Haaren, *Merino Mix* genannt (z. B. von *Untouched World)*. Wer etwas Robustes für Wind und Wetter sucht, kauft einen großkarierten Wollüberzieher (etwa von *Swanndri)*, wie ihn seit jeher der neuseeländische Schafhirte trägt.

FELL & LEDER

Was man aus Schafsfell alles herstellen kann, zeigen die prall gefüllten Auslagen der Souvenirshops: vom weichen Bettvorleger bis zum pink eingefärbten Kuscheltier. Längst wissen junge Modedesigner mit den Fellen umzugehen und schneidern schicke Jacken und Mäntel, auch aus dem kurz geschorenen Fell von Jungtieren, das bevorzugt innen getragen wird. Immer noch hipp sind *UGG Boots,* flache Fellstiefel, die es überall zu kaufen gibt. Hirschleder stammt in der Regel von den zahlreichen Rotwildfarmen im Land.

GREENSTONE & GOLD

Neuseeländische Jade muss nicht teuer sein. Greenstone ist ein Halbedelstein, dem erst die Kunstfertigkeit des Schleifers großen Wert verleiht. Aus den *Greenstone Factories*, z. B. in Hokitika, kommen die Schmucksteine als günstige Massenartikel in den Handel. Bei kleinen Kostbarkeiten waren Künstler am Werk, die den in allen Grüntönen vorkommenden Stein oft nach alten Maori-Motiven in Form bringen. Beliebt sind *Koru* (der Spirale des Farnwedels nachempfunden) und *Twist* (einem verschlungenen Knoten ähnelnd), die als *Tiki* (Amulett) um den Hals getragen werden. Verlässliche Adressen für garantierte Greenstone-Preziosen sind einige Ateliers in Hokitika sowie das *Canterbury Museum* in Christchurch und der *Te Papa Museum Shop* in Wellington. Wenn es auch etwas teurer sein darf, erstehen Sie ein Mitbringsel aus einer der noch aktiven Goldminen Neuseelands: z. B. kleine Nuggets, die zu Ohrringen oder Anhängern verarbeitet werden.

MAORI-KUNSTHANDWERK

Das gibt es nur in Neuseeland: Holz- und Knochenschnitzereien nach traditionel-

Zwischen Woll-Lust und Gold-Rausch: Decken Sie sich ein mit Pullovern, Schals und Socken, mit grüner Jade und Nugget-Anhängern

len Motiven der Polynesier sowie Flecht- und Webarbeiten aus Flachs. Hochwertige Skulpturen oder Masken aus Künstlerhand haben ihren Preis. Eine sehr gute Auswahl bietet z. B. das *Te Puia Arts and Crafts Centre* in Rotorua. Als Souvenir für die Ewigkeit sind Tätowierungen mit Maori-Ornamenten in Mode gekommen. Tattoostudios bieten beinahe an jeder Ecke ihre Dienste an.

OUTDOOR-KLEIDUNG

Bevor Sie sich zu Hause für Ihren Trip durch die Natur Neuseelands einkleiden: Down under ist die Auswahl groß, sind die Preise klein. Die vielen Spezialgeschäfte haben ein üppiges Angebot an ebenso schickem wie zweckmäßigem Outfit, das dem wechselhaften Wetter Neuseelands trotzt. Outdoor-Shops gibt es vor allem in Auckland, Wellington, Christchurch und Queenstown. Rund um Ostern gibt es Rabatte. Für exzellente und zudem in Neuseeland gefertigte Qualität bürgt das Familienunternehmen *Earth Sea Sky (www.earthseasky.co.nz)* in Christchurch.

PAUA & PERLMUTT

Geschliffen und poliert macht die bunt schillernde Schale einer Paua-Muschel als Tisch- oder Raumschmuck allerhand her. Auch ansonsten muss die Muschelschale für lauter Schmuck herhalten, aber viele der Ohrgehänge, Amuletts, Armbänder und Haarspangen sind ihr Geld nicht wert. Doch mit etwas Suchen finden Sie unter dem ganzen Talmi auch schön gearbeitete Stücke, z. B. bei *Pauanesia (35 High Street)* in Auckland. Schmuck aus Perlmutt *(Mother of Pearl)* sieht fast immer edel aus, vor allem wenn er aus dem Atelier von Neil Hanna stammt. Die erschwinglichen Kunstwerke können Sie per Mail *(www.neilhanna.com)* bestellen oder nach Terminvereinbarung im Atelier im Aucklander Stadtteil Remuera *(Tel. 09 5 24 75 16)* kaufen.

DIE NORDINSEL

Die Frage ist immer die gleiche und ihre Beantwortung immer gleich schwer: Für welche Insel soll ich mir als Besucher die meiste Zeit nehmen? Die Nordinsel ist landschaftlich vielleicht nicht ganz so reizvoll wie die Südinsel mit der grandiosen Alpenkette, den romantischen Seen und der wild zerklüfteten West Coast. Deshalb sollten Naturliebhaber ruhig etwas mehr Zeit für den Süden einplanen, auch wenn die Nordinsel ebenfalls einmalige Landschaften zu bieten hat.

Die Nordinsel ist mit der Hauptstadt Wellington der wirtschaftliche Motor des Landes, hier leben fast zwei Drittel der insgesamt 4,7 Mio. Neuseeländer. Wenn sich die reichen Vettern aus dem Norden allzu mitleidig über die armen Verwandten im Süden beugen, dann antworten diese gern mit einem Bild aus der Maori-Mythologie: Einst saß der Halbgott Maui in seinem Kanu (Südinsel) und angelte. Bald hatte er einen ganz besonders dicken Fisch (Nordinsel) am Haken – dessen Maul soll heute der natürliche Hafen von Wellington sein.

Die Nordinsel Neuseelands – das sind feinsandige Strände im Nordosten rund um die schöne Bay of Islands, das sind Vulkan- und Skigebiete in der Mitte, ein üppiger Obst- und Weingarten im Osten sowie Erdöl- und Gasfelder im Bereich der Tasman Sea im Westen. Wer ganz und gar nicht ohne Stadtleben sein kann, kommt in den Großstädten Auckland und Wellington ganz bestimmt auf seine Kosten.

Bild: Blick auf Auckland mit dem Yachthafen vorn und dem Sky Tower rechts hinten

Strände, Vulkane, Großstädte: Für die Maori der dicke Fisch am Haken, für alle anderen das Wirtschaftszentrum Neuseelands

AUCKLAND

KARTE IM HINTEREN UMSCHLAG

(146 B1–2) (*H–J5*) **Wie ein Krake hat sich Auckland auf dem schmalen Isthmus zwischen Pazifik und Tasman Sea auf einer Länge von 70 km ausgebreitet.**

Fast jede Familie besitzt oder bewohnt hier ein Häuschen mit kleinem Garten. Hochhäuser gibt es höchstens im Innenstadtbereich. „City of Sails" nennt der

CITY

WOHIN ZUERST?

Queen Street: Die Hauptstraße und Einkaufsmeile führt zum Bahnhof und zur Waterfront, wo die Fähren ablegen und Viaduct Basin/Princes Wharf als gastronomisches Zentrum lockt. Viele der abseits gelegenen Attraktionen erreichen Sie von hier per Bus, z. B. auf dem Rundkurs des **Auckland Hop On Hop Off Explorer Bus**.

moderne Freizeitmensch seine Stadt und deutet damit dezent an, dass jeder sechste Aucklander ein eigenes Segelboot im Hafen liegen hat.

Auckland ist der wirtschaftliche Mittelpunkt Neuseelands. Von den knapp 1,5 Mio. Einwohnern sind ein Viertel Maori bzw. stammen von den pazifischen Inseln, die meisten von Samoa und den Cook Islands. Daher nennt sich Auckland auch polynesische Hauptstadt der Welt. 1840 wurde Auckland gegründet, war nach Russell und bevor der Regierungssitz 1865 nach Wellington verlegt wurde sogar Hauptstadt. Seither herrscht Rivalität zwischen den beiden Städten. Der publikumswirksame Streit endet stets mit Vergleichen von Sonnenscheindauer und Niederschlagsmengen.

Berg mit Delle: Die Oberfläche des Mount Eden offenbart seinen vulkanischen Ursprung

SEHENSWERTES

Der *Auckland Hop On Hop Off Explorer Bus (tgl. 9–16 Uhr | Ferry Building | Quay Street | Tagespass ca. 45 NZ$ | www.explorerbus.co.nz)* startet genau wie ein Linienbus auf zwei Routen zu 14 Sehenswürdigkeiten, u. a. Victoria Market, Mission Bay, Parnell Village und Sky Tower/ Casino. Sie können aussteigen und haben für jede (nicht geführte) Besichtigung mindestens eine halbe Stunde Zeit, ehe der Doppeldeckerbus wieder vorbeikommt. Flexibler und preiswerter erreichen Sie viele der Sehenswürdigkeiten mit dem grünen *Link Bus (7–23.20 Uhr alle 10 Min. | 1 NZ$)* Im größeren Innenstadtbereich verkehrt der grüne *Inner Link (2 NZ$)*. Der *Outer Link (ca. 4 NZ$)* ist außerhalb des Innenstadtbereichs unterwegs. Weitere Infos unter *short.travel/neu4*

AUCKLAND MUSEUM

Wer nicht in die Bay of Islands fährt, erfährt in diesem Museum vieles über die Geschichte und Kultur der Polynesier, die die Inseln als erste besiedelten. Um 11, 12 und 13.30 Uhr (Jan.–April auch 14.30 Uhr) halbstündige Vorführungen mit Maori-Folklore. *Tgl. 10–17 Uhr | ab 25 NZ$, mit Maori Performance 45 NZ$ | Auckland Domain | www.aucklandmuseum.com*

HAURAKI GULF

46 Inseln verteilen sich im Golf. Die Insel *Waiheke* ist eine beliebte Sommerfrische mit urgemütlichen Winzergärten. Wunderbare Wanderungen lassen sich auf der dicht bewachsenen Vulkaninsel *Rangitoto* (gegenüber der Mission Bay) unternehmen. Infos unter *www.360discovery.co.nz*. Ein Vergnügen sind die Touren mit den Yachten der *Explore Group (ab ca. 75 NZ$ | Viaduct Harbour | Tel. 0800 39 75 67 | www.exploregroup.co.nz)* durch den Hauraki Gulf und den Waitemata Harbour.

KELLY TARLTON'S SEALIFE AQUARIUM

Ein durchsichtiger Tunnel führt durch eine schillernde Unterwasserwelt. *Tgl. 9.30–17 Uhr | 39 NZ$ | Orakei Wharf | 23 Tamaki Drive | www.kellytarltons.co.nz*

MOUNT EDEN ●

Erst von der 196 m hohen einstigen Verteidigungsanlage der Maori *(Pa)* erkennt man, dass Auckland auf 60 Vulkanhügeln erbaut wurde. Der Ausblick in der Dämmerung auf die glitzernden Lichter zwischen Manukau Harbour und Waitemata Harbour ist fantastisch. *Tgl. 7–23 Uhr*

NEW ZEALAND MARITIME MUSEUM

Eindrucksvolle Ausstellung zur Seefahrtsgeschichte Neuseelands in 14 Hallen. *Tgl. 9–17 Uhr | 30 NZ$ inkl. einstündigem Segeltörn mit der „Ted Ashby" um 11.30 oder 13.30 Uhr | Quay Street/Ecke Hobson Street | Viaduct Harbour | www.maritimemuseum.co.nz*

SKY TOWER ★

Genau 328 m misst Aucklands Wahrzeichen, das sowohl tagsüber als auch abends einen Besuch wirklich lohnt. Drei Aussichtsplattformen und Fahrstühle mit

MARCO POLO HIGHLIGHTS

★ Sky Tower
Ganz oben auf der Liste der Höhepunkte Aucklands → S. 35

★ Hot Water Beach
Heiße Badewanne am Strand → S. 40

★ Pukeiti Gardens
Blühende Pracht in Weiß, Rot und Violett → S. 45

★ Napier
Die neuseeländische Art-déco-Stadt → S. 46

★ Waitangi Treaty Grounds
Geburtsort des Staats Neuseeland → S. 50

★ Ninety Mile Beach
Herrlicher breiter Sandstrand → S. 52

★ Hangi
Köstliches Festessen der Maori → S. 55

★ Waimangu Volcanic Valley
Atmosphäre wie im Fantasyfilm → S. 59

★ Cable Car in Wellington
In steiler Fahrt zum Aussichtspunkt → S. 64

★ Te Papa Tongarewa
Neuseelands Geschichte in Wellington multimedial erzählt → S. 64

Glasfronten locken Schwindelfreie. Die Sicht reicht bis zu 80 km in die Ferne. Es gibt anspruchsvolle Restaurants – am gemütlichsten ist das Drehrestaurant *Orbit (30 NZ$ p. P. Mindestverzehr mittags, 40 NZ$ p. P. am Abend | Tel. 09 3 63 60 00)* mit Traumblick auf 190 m Höhe, oft müssen Sie aber für einen Fensterplatz Tage im Voraus einen Tisch reservieren. *Mai–Okt. tgl. 9–22, Nov.–April So–Do 8.30–22.30, Fr/Sa 8.30–23.30 Uhr | Eintritt 28 NZ$ | Victoria Street/Hobson Street | www.skycityauckland.co.nz*

ESSEN & TRINKEN

Aktuelle In-Lokale veröffentlichen das Monatsmagazin *Metro (www.metromag.co.nz)* sowie die Websites *www.heartofthecity.co.nz* und *www.ripitup.co.nz (Musik)*. Die schicksten Restaurants finden Sie entlang der *Hurstmere Road (Takapuna), Parnell Road, Ponsonby Road* und *Victoria Road (Devonport | www.northshorenz.co.nz)*, im *Viaduct Basin (America's Cup Village)* sowie entlang der *Princes Wharf*, im *Wynyard Quarter*, die Verlängerung vom Viaduct Basin. Hier hat sich, teils in alten Lagerhallen, ein nette Gastro- und Barszene etabliert (s. S. 38), ebenso wie rund um den *Britomart (Tyler Street/Customs Street East)*.

LOW BUDG€T

Gegen Vorlage eines deutschen Auto-Club-Ausweises gibt es beim neuseeländischen Partnerclub *AA (Automobil Association) (Auckland | 99 Albert Street | Tel. 09 3 02 18 25 | www.aa.co.nz)* kostenloses Kartenmaterial.

Eine Mini-Hafenrundfahrt durch Aucklands *Waitemata Harbour* beschert die Fähre nach Devonport *(hin und zurück, knapp 30 Min. | ab Ferry Building | Quay Street)*: Für ca. 12 NZ$ werden tolle Ansichten der Skyline Aucklands geboten.

Wer auf dem *Campingplatz (am SH 5 ausgeschildert | Tel. 07 3 33 18 61 | www.hotpools.co.nz)* im *Waikite Valley*, 32 km südl. von Rotorua, sein Lager aufschlägt, darf kostenlos das urige Thermalbad nebenan nutzen.

HARBOURSIDE

Bei einer Brise auf der Terrasse frisch zubereiteten Fisch genießen. *Tgl. Lunch/Dinner | 99 Quay Street | Ferry Building | Tel. 09 3 07 05 56 |* €€€

NON SOLO PIZZA

Eines der besten italienischen Restaurants der Stadt. *Tgl. Dinner | 259 Parnell Road | Tel. 09 3 79 53 58 |* €–€€

INSIDER TIPP SWASHBUCKLERS

Direkt am Yachthafen liegt das beliebte Fischlokal. Wenn's zu voll ist: Der *Auckland Fish Market (22–32 Jellicoe Street | Freemans Bay | www.aucklandfishmarket.co.nz)* mit kleiner Gastronomie ist eine nahe Alternative. *Tgl. Lunch/Dinner bis ca. 20 Uhr | 23 Westhaven Drive | Wynyard Quarter | Tel. 09 3 07 59 79 |* €–€€

EINKAUFEN

HIGH STREET

Die Parallelstraße der Queen Street ist das Domizil einiger junger, wagemutiger Modemacher, die auf eine steile Karriere hoffen.

KINGSLAND

Der kleine Stadtteil hat sich zum Liebling moderner Aucklander mit Bars, Restaurants und Designershops entwickelt. *400–510 New North Road | zwischen Kingsland Av. und Bond Street*

INSIDER TIPP OTARA MARKET

Einen Blick in das polynesische Herz Aucklands gewährt dieser große, lebendige Obst-, Gemüse- und Kram-Markt. *Sa 7–12 Uhr | Otara | Abfahrt SH 1*

Aucklands schickes Restaurantviertel Viaduct Basin liegt direkt am Yachthafen

PARNELL ROAD & VILLAGE

Eine viktorianisch angehauchte Atmosphäre beherrscht diese kleine Shoppingmeile mit ihren verschachtelten Läden. *www.parnell.net.nz*

INSIDER TIPP PONSONBY ROAD

Mode- und Antikshops, tolle Restaurants und Cafés – der ca. 1,5 km lange Abschnitt der Ponsonby Road (ab Hopetoun Street/Western Park) ist auf beiden Straßenseiten Heimat der Auckland-Szene. Den Mittelpunkt bildet „Ponsonby Central" (Ecke Richmond Street) mit Delikatessengeschäften (z. B. Bread and Butter), Cafés und Radiostation (107.7 FM).

FREIZEIT & SPORT

BADEN

Schöne Strände gibt es an der Westküste, in den Sandbuchten der steilen INSIDER TIPP *Waitakere Ranges*, in *Piha* und *Karekare*. Dort wurden die Strandszenen für den preisgekrönten Film „Das Piano" der Regisseurin Jane Campion gedreht. Baden können Sie auch in der Nähe von *Muriwai*, wo eine Basstölpelkolonie liegt *(short.travel/neu5)*. In Stadtnähe bieten sich die Strände an der *Mission Bay* und in *Takapuna* an.

HARBOUR BRIDGE EXPERIENCE

Für einen wunderbaren Blick auf Hafen und Skyline eignet sich auch ein 1,5-stündiger „bridge climb" auf die 65 m hohe *Harbour Bridge*. Sogar Ehen sind dort oben schon geschlossen worden. Fotografieren ist verboten, aber ein Bungy Jump ist über *AJ Hackett Bungy (160 NZ$ | Tel. Anmeldung/Info 0800 2864958 | www.bungy.co.nz)* möglich.

Himmelwärts: Sky Tower

LAUFEN UND WANDERN

Wer beim *Fun run round the bays* (immer im März, rund 10 km) dabei sein will und dafür trainieren möchte, hat dazu entlang der *Mission Bay* bis *St. Heliers Bay* beste Gelegenheit. Origineller aber ist der Weg von Küste (Pazifik) zu Küste (Tasman Sea). Informationen über den 16 km langen *Coast to Coast Walkway* gibt es im Visitor Centre oder unter *www.aucklandcity.govt.nz*.

SKY JUMP/SKY WALK

Aus 192 m Höhe fallen Wagemutige freiwillig vom Sky Tower. Der Sky Walk führt in gleicher Höhe rund um die Spitze. *Ca. 225, Kombi ca. 290 NZ$ | Hobson/Victoria Street | www.skyjump.co.nz*

AM ABEND

AMERICA'S CUP VILLAGE

Der „place to be" für Kiwis und Touristen am Yachthafen in der Innenstadt (Viaduct Basin/Princes Wharf). Nun entwickeln sich auch das angrenzende INSIDER TIPP *Wynyard Quarter* und die *North Wharf* zum Wohn- und Freizeitviertel mit Restaurants und Outdoor Cinema (Fr/Sa), das man vom Viaduct Basin über die Te Wero Bridge erreicht. *www.yourwaterfront.co.nz*

SHAKESPEARE TAVERN BREWERY

Diverse selbst gebraute Biersorten auf drei Etagen, vom Real Ale bis zum Lager, gezapft nach dem Motto: „Two beers or not two beers?" *Tgl. ab 11 Uhr | 61 Albert Street*

SKY CITY CASINO

Geschmackvoll ausstaffiertes Kasino, gute Restaurants, Bars, Theater und ein gutes 4-Sterne-Hotel. *Durchgehend geöffnet | Victoria Street/Hobson Street*

ÜBERNACHTEN

BASE ACB (AUCKLAND CENTRAL BACKPACKERS)

300-Betten-Haus mit Doppel- und Vierbettzimmern in der Innenstadt. Gute Anlaufstation für Rucksackreisende. *229 Queens Street | 3. Stock | Tel. 09 3 58 48 77 | www.stayatbase.com* | €

ESPLANADE HOTEL
Stilvolles Gebäude von 1903 mit gemütlichen Zimmern, teilweise mit Blick auf die Skyline. Nur ein paar Meter vom Anleger der Devonport-Fähre *(10 Min. Fahrt, ca. 12 NZ$ hin und zurück)* nach Downtown Auckland entfernt. Gutes Restaurant *(€€–€€€). 22 Zi. | 1 Victoria Street | Tel. 09 4 45 12 91 | www.esplanadehotel.co.nz | €€–€€€*

METROPOLIS
Mitten im Shoppingviertel, von den Suiten Blick auf den Hafen. *145 Zi. | 1 Courthouse Lane | Tel. 09 3 77 10 00 | www.hotelmetro.co.nz | €€€*

TAKAPUNA BEACH HOLIDAY PARK
Hier gibt es einige tolle Stellplätze für Campervans am Wasser mit Blick auf Rangitoto Island, schöner Strandabschnitt und gute Restaurants sind gleich nebenan. Vermietet werden auch Caravans und Cabins. *22 The Promenade | Tel. 09 4 89 79 09 | www.takapunabeachholidaypark.co.nz | €*

AUSKUNFT

AUCKLAND I-SITE
Sky City (Basement, am Eingang zum Sky Tower)/Ecke Victoria und Federal Streets und am Viaduct Habour | Tel. 09 3 63 71 80 | www.aucklandnz.com

DEPARTMENT OF CONSERVATION
Informationen über Nationalparks. *Viaduct Harbour, der Auckland i-site angeschlossen | Tel. 09 3 79 64 76 | www.doc.govt.nz*

ZIELE IN DER UMGEBUNG

KAWAU ISLAND (146 B1) *(H J4)*
Ein Tier- und Pflanzenparadies mit *wallabies* (Minikänguruhs) und Antilopen sowie dem Landsitz *Mansion House (Tel. 09 4 22 88 82 | www.doc.govt.nz)* des Generalgouverneurs Sir George Grey (1812–98). Tagestouren *(ca. 55 NZ$ hin und zurück)* mit dem Boot bieten von Sandspit bei Warkworth aus *Kawau Water Taxis (Tel. 0800 11 16 16 | www.kawauwatertaxis.co.nz)* und *Kawau Ferry Service (Tel. 021 42 21 73 | www.kawauferry.co.nz)* an. *25 km nördl.*

INSIDER TIPP PUHOI (146 B1) *(H H4)*
In Puhoi, etwa 65 km nördlich von Auckland, haben sich 1863 böhmische Siedler niedergelassen. Das Dorf, abseits vom SH 1 und ein paar Kilometer nördlich des romantischen Wenderholm Regional Park, hat seinen pionierhaften Charakter bewahrt, die *Puhoi Tavern* (von 1879), *Puhoi Valley Cheese* (ca. 3 km weiter; unbedingt den selbst gemachten Käse probieren) sowie das *Puhoi Cottage* am Ende des Dorfes sind einen Besuch wert. Cottage-Tipp: selbst gebackene *berry muffins (Do–Di 10–16 Uhr)*. Infos: *www.puhoinz.com. 65 km nördl.*

INSIDER TIPP TUTUKAKA COAST
(145 D3) *(H H–J3)*
Ein tolles Stück Küste nördlich von Whangarei mit wunderschönen Stränden und einem schicken Yachthafen: Gastronomisches Zentrum in der Marina Tutukaka ist *Schnappa Rock (tgl. Breakfast, Lunch, Dinner | Tel. 09 4 34 37 74 | €–€€)*. Der Abstecher vom SH 1 empfiehlt sich als lohnender Umweg Richtung Norden. Vor allem für Boottrips zum Hochseefischen *(www.tutukakacoastnz.com)*.
Als attraktives Tauchrevier mit einer lebhaften Unterwasserwelt zwischen alten Schiffswracks locken zudem die nahe gelegenen *Poor Knights Islands (Dive Tutukaka | Marina Road | Tel. 09 4 34 38 67 | 0800 28 88 82 | www.diving.co.nz). 80 km nördl.*

WHANGAREI (145 D3) (*H3*)
Als Tor zum entlegenen Northland verwöhnt die 46 000 Einwohner zählende Stadt mit freundlichen Cafés und Restaurants, besonders rund um das zentrale *Town Basin* am Flussufer. Hier wird im *Brauhaus Frings (104 Dent Street | Tel. 09 4 38 46 64)* süffiges Bier ohne chemische Zusätze abgezapft, Mi und Fr zu Livemusik regionaler Bands.
Eine wirkliche „Zeitreise" erleben Besucher in *Claphams National Clock Museum (tgl. 9–17 Uhr | Town Basin)*, wo insgesamt 1400 Uhren unterschiedlicher Epochen ausgestellt sind. Zum Übernachten lohnt sich die Fahrt über die kurvenreiche Whangarei Heads Road zur *McLeod Bay*, wo Sie das herrlich am Meer gelegene *Breakaway Retreat (1856 Whangarei Heads Road | Tel. 09 4 34 07 11 | www.breakawayretreat.co.nz | €€€)* mieten können. *140 km nördl.*

COROMANDEL-HALBINSEL

(146 C1–2) (*J–K5*) **Diese Halbinsel ist ein echtes Naturerlebnis auf kleinem Raum mit Busch, Bergen, Bäumen und südseeähnlichen Stränden.**
Die wichtigsten Städte und Orte auf der Halbinsel sind Thames, Coromandel, Whitianga und Tairua, die jede für sich Sehenswertes und Erlebnisreiches zu bieten haben.

SEHENSWERTES

GOLDMINE EXPERIENCE
Die mit viel Initiative restaurierte Goldgrube inklusive einer das Erz zerkleinernden *Stamper Battery (Okt.–Dez., März/April tgl. 10–13, Jan./Feb. tgl. 10–16 Uhr | 15 NZ$ | Thames/Ecke Moanataiari Road/SH 25)* vermittelt einen authentischen Einblick in die goldige Vergangenheit der Halbinsel. Auskunft: *Thames i-Site (206 Pollen Street | Tel. 07 8 68 72 84 | www.thecoromandel.com | www.thamesinfo.co.nz)*

FREIZEIT & SPORT

BADEN
Herrliche Strände bietet die Coromandel-Halbinsel: z. B. *Cook's Beach* in der Mercury Bay oder Hahei mit dem *Mare's Leg Beach*. In Hahei (Infos unter *www.doc.govt.nz, in die Suche eingeben: te whanganui-a-hei*) führt ein Fußweg vorbei an Pohutukawa-Bäumen zur *Cathedral Cove*, einem versteckten Strand mit einem portalähnlichen Felsendurchgang. Achtung: In den Sommermonaten ist der kleine Parkplatz hoffnungslos überfüllt! Infos: *www.hahei.co.nz*
Ein paar Kilometer von Hahei entfernt ist der ★ ● *Hot Water Beach* eine heiße Empfehlung. Buddeln Sie sich hier bei Ebbe Ihren eigenen, wohl temperierten Pool in den Sand hinein – je tiefer, desto heißer. Kühl wird's mit der Flut ... Gegenüber dem Strand befinden sich mit *Moko Artspace (www.moko.co.nz)* ein toller Kunsthandwerkerladen und ca. 2 km entfernt ein weitläufiger *Campingplatz (Tel. 07 8 66 31 16 | www.hotwaterbeachtop10.co.nz | €)*.

INSIDER TIPP JOHANSEN ADVENTURES
Damian und Sharon zeigen Ihnen auf unterhaltsamen Touren (Preise variieren je nach Ziel und Dauer) alte Goldminen; Sie erfahren dabei auch viel über praktische Botanik: etwa welche Strauchblätter sich als Seife oder WC-Papier verwenden lassen. *Pauanui Beach | Tel. 07 8 64 87 31 | www.coromandel.co.nz*

ÜBERNACHTEN

HAHEI HOLIDAY RESORT

Direkt am herrlichen Sandstrand liegt der Campingplatz mit guten *cabins*, Motelzimmern bzw. kleinen Villen. Ideal auch als Standort für Ausflüge und Kajaktouren. *25 Cabins und Bungalows | 41 Harsant Av. | Tel. 0800 24 24 34 | www.haheiholidays.co.nz* | €–€€€

den netten Hotels, Restaurants und Souvenirshops hält einen Trumpf für Sie bereit: Hier betreibt der Töpfer Barry Brickell nicht nur eine interessante Galerie, sondern auch eine urige Eisenbahn, die INSIDER TIPP *Driving Creek Railway* (*tgl. 10.15, 14 Uhr, Okt.–April auch 11.30, 12.45, 15.15 Uhr sowie nach Bedarf | 30 NZ$ bei mehr als 5 Pers. | Kennedy Bay Road | Tel. 07 8 66 87 03 | www.drivingcreekrailway.co.nz*). Sein Traum: ein 30 ha großer Naturpark Coromandel, durch den die Schmalspurbahn zu einem Naturkundemuseum führen soll. Die skurrile einstündige Fahrt (hin und zurück) auf der ca. 4 km langen Strecke über Viadukte ist ein Erlebnis.

Anbetungswürdig: die versteckte Bucht und die markanten Felsen von Cathedral Cove

PUKA PARK RESORT

Besonders schöne, komfortable Lodge mit 50 Chalets und zwei Restaurants am bewaldeten Hügel, aber meist ohne Meerblick. Im Wellness Centre werden u. a. auch Massagen und Kneippkuren angeboten. *Pauanui Beach | Tel. 07 8 64 80 88 | www.pukapark.co.nz* | €€€

ZIELE AUF DER COROMANDEL-HALBINSEL

COROMANDEL (146 C1) (*J5*)

Der kleine Ort Coromandel mit seinen ansehnlichen Häuschen im Kolonialstil,

Frische Muscheln aus eigener Züchtung verkauft die INSIDER TIPP *Coromandel Oyster Company* (*tgl. | 1611 Tiki Road | 6 km südl. am SH 25*). Wer gleich probieren möchte: Im angeschlossenen Deli gibt es Seafood frisch zubereitet.

Weitere Informationen unter *www.coromandeltown.co.nz*

INSIDERTIPP KAUAERANGA VALLEY (146 C2) (*J5*)
Über zwanzig mehrstündige Wanderrouten führen durch das bewaldete Bergland östlich von Thames. Schönster Tages-Trip ist die 7- bis 8-stündige Kombination von *Billygoat Circuit* und *Pinnacles*. Für mehrtägige Walks gibt es in Hütten und auf Zeltplätzen Übernachtungsmöglichkeiten. Eindrucksvolles *Visitor Centre (Tel. 07 8 67 90 80 | www.doc.govt.nz)* am Parkeingang, naturnahe Wohnmobilstellplätze ohne Stromanschluss im Park, 8 km vom Visitor Centre entfernt.

TAIRUA (146 C2) (*K5*)
Die Ortschaft an einer breiten Flussmündung hat sich zum kompakten Versorgungszentrum für die gegenüberliegende, oft leblose Feriensiedlung Pauanui und Umgebung entwickelt. Gleich an der Durchgangsstraße liegen einige nette Cafés, Restaurants und Geschäfte. Eine ganze Reihe von Unterkünften bietet komfortablen Unterschlupf. Empfehlung in ruhiger Lage und mit Blick aufs Wasser ist *Paku Lodge (30 Zi. | 10 The Esplanade | Tel. 07 8 64 85 57 | www.pakulodge.co.nz | €€)*.

WAIHI (146 C2) (*K5*)
Während des Goldrausches auf Coromandel in den Jahren 1867 bis 1907 wurde Gold im Wert von insgesamt mehr als drei Milliarden Euro gefunden. Eine amerikanische Gesellschaft hat sich zum Ziel gesetzt, jährlich ca. 100 000 Unzen Gold in der *Martha Mine* zu fördern. 3 Mio. t Gestein werden jährlich dafür umgeschichtet. Das angeschlossene *Gold Discovery Centre (tgl. 9–17 Uhr, Führungen Mo–Sa 10 und 12.30 Uhr, ca. 90 Min. | in der Waihi-i-Site | www.golddiscoverycentre.co.nz)* bietet außer Touren eine Menge Infos rund ums Gold. Später soll über die Narben des rund 24 ha großen Abbaugebiets eine Freizeitlandschaft wachsen. Eine Aussichtsplattform befindet sich an der Moresby Avenue. Die schönsten Campingplätze liegen in *Waihi Beach* am blütenweißen Sandstrand, z. B. der *Bowentown Beach Holiday Park (510 Seaforth Road | Tel. 07 8 63 53 81 | www.bowentown.co.nz | €)*.

WHITIANGA (146 C1) (*J5*)
Schöne Strände in der Umgebung, bei Hochseefischern beliebte Touren. Darüber hinaus steht der Ort auch bei Genießern hoch im Kurs: Frische gekochte Langusten etwa bekommen Sie hier in allen Fischläden und den guten Restaurants an der Esplanade. Und wenn schlechtes Wetter keine Lust auf Strand macht, können Sie sich wunderbar in den Thermalwassern von *The Lost Spring (tgl. 11–20.15, im Winter bis 18.30 Uhr | 121a Cook Drive | Tel. 07 8 66 04 56 | www.thelostspring.co.nz)* aufwärmen. Zur naturnah gestalteten Badelandschaft gehören Wellness- und Massageangebote sowie ein vorzügliches Restaurant *(€€)*. Für Regentage hat auch *Roland Baumgart (Dez.–März tgl. 10–13 Uhr | 5 Coghill Street | Tel. 021 1 05 21 51 | www.baycarving.com)* vorgesorgt. Der deutschstämmige Kunsthandwerker bietet Schnitzkurse an, bei denen die Teilnehmer lernen, aus Rinderknochen Schmuckstücke nach traditionellen Maori-Motiven anzufertigen.
Whitianga hat die größte Auswahl an Unterkünften, einige mit Blick aufs Wasser und entsprechend teuer z. B. *Beachfront Resort (8 Zi. | Tel. 07 8 66 56 37 | www.beachfrontresort.co.nz | €€€)* oder das zentral gelegene *Oceans Resort (25 Zi. | Tel. 07 8 69 52 22 | www.oceansresort.co.nz | €€–€€€)*. Apartments/Ferienhäuser für längere Aufenthalte finden Sie unter *www.bachcare.co.nz*. Auskunft: *Whitianga i-Site (66 Albert Street | Tel. 07 8 66 55 55 | www.whitianga.co.nz)*

MOUNT TARANAKI

(146 A5) (🗺 H8) **Auf der Fahrt durch die grüne Ebene im Südwesten können Sie den Vulkankegel mit seiner meist weißen Kappe schon von Weitem aus sehen: *Mount Taranaki* – oder auch Mount Egmont, wie er immer noch auf vielen Karten dieser Region bezeichnet und vermerkt ist.**

Die Gegend liegt abseits der großen Reiseströme. Für Touristen interessant ist neben *New Plymouth* vor allem die Ostseite des Mount Taranaki. Die Maori-Mythologie erklärt die isolierte Lage des Berges so: Im Streit um einen jungen – weiblichen – Berg, den Mount Pihanga, zerstritten sich die männlichen Rivalen, die im Zentrum der Nordinsel liegenden Berge Tongariro und Taranaki, derart, dass schließlich der Taranaki verbittert das Weite suchte und einen langen Graben zog (den heutigen Flussverlauf des Whanganui), bis das Meer seinen Weg stoppte …

SEHENSWERTES

MOUNT TARANAKI

Meist bedecken Wolken den 2518 m hohen Gipfel des Berges, dessen Hänge bis zur Baumgrenze von teilweise dichtem Busch bewachsen sind. Bei Wanderern ist der viertägige *Round the Mountain Track* beliebt. Eine Aussichtsplattform gibt es ca. 17 km von Stratford entfernt in der Nähe des *Stratford Mountain House* an der Pembroke Road.

TAWHITI MUSEUM

In einer früheren Käsefabrik präsentiert Nigel Ogle seine gesammelten Kuriositäten zur Geschichte der Pionierzeit. Die Historie der Region wird von lebensgroßen Figuren nachgestellt, die der kreative Nigel eigenhändig angefertigt hat. *Fr–Mo 10–16 Uhr (sonst nach Absprache) | 15*

Armer, alter Mount Taranaki: Laut Maori-Mythologie soll der Berg einsam und verbittert sein

Hingucker: prächtige Rhododendron in den Pukeiti Gardens bei New Plymouth

NZ$ | Hawera | 401 Ohangai Road | Tel. 06 2 78 68 37 | www.tawhitimuseum.co.nz

ÜBERNACHTEN

NGATI RUANUI MOUNTAIN HOUSE

Solide ausgestattete Motelzimmer, 3 km vom Skifeld entfernt. Angenehmes Restaurant. *10 Zi. | 998 Pembroke Road | Tel. 06 7 65 61 00 | www.stratfordmountainhouse.co.nz | €€*

AUSKUNFT

SOUTH TARANAKI I-SITE

Tower Grounds | 55 High Street | Hawera | Tel. 0800 11 13 23 | www.southtaranaki.com

STRATFORD I-SITE

Prospero Place | Stratford | Tel. 0800 7 65 67 08 | www.stratfordnz.co.nz

ZIELE IN DER UMGEBUNG

INSIDER TIPP FORGOTTEN WORLD HIGHWAY (146 A–B5) (*H8–J7*)

Die 150 km lange Landstraße (SH 43) zwischen Stratford und Taumarunui windet sich durch eine verwunschen anmutende Hügellandschaft mit viel Wildnis, wenigen Menschen und ohne Tankstelle (!), 12 km sind noch immer unbefestigt. Ein guter Halbtagestrip, wenn Sie den ein oder anderen Stopp einlegen: z. B. in *Whangamomona,* einem verschlafenen Nest, das immerhin so schlau war, sich werbewirksam zur eigenständigen Republik zu erklären. Essen und schlafen können Sie im in Ehren gealterten *Whangamomona Hotel (11 Zi. | 6018 Forgotten World Highway | Tel. 06 7 62 58 23 | www.whangamomonahotel.co.nz | €–€€). Back Country Accommodation (7225 Ohura Road | Tahora | Tel. 06 7 62 58 58 | 0274 40 41 96 | €)*, ein ländliches B & B mit kleinem Campingplatz und schönem Blick, liegt 10 km nordöstlich. In *Taumarunui* starten mehrtägige Kajak- oder Kanutouren *(www.taumarunuicanoehire.co.nz)* auf dem *Whanganui River*.

NEW PLYMOUTH (146 A5) (*H7*)

Die Gas- und Ölfelder vor der Küste bescherten dem 30 km nördlich gelegenen New Plymouth (56 000 Ew.) schon in den 1950er-Jahren wirtschaftlichen Auftrieb, ebenso wie die Mitte der 1980er-Jahre aufgenommene Produktion von synthetischem Benzin in Motonui. Ein gewisser Wohlstand drückt sich inzwischen auch in der Lebensart der Stadt aus: Es gibt ausgezeichnete Restaurants, wie etwa das schicke *Gusto (tgl. Lunch, Dinner | Ocean View Parade | Tel. 06 7 59 81 33 |*

www.gustotaranaki.co.nz | €€) am Yachthafen und gleich nebenan das auf Fisch spezialisierte *Galleon Bistro (Di–So | Tel. 06 757 43 22 | €–€€)*, eher rustikal, dafür mit Sonnenuntergängen in der ersten Reihe.

In das Zentrum, direkt an die pompös gestaltete Waterfront, lockt das hochinteressante *Regionalmuseum (Mo/Di 9–18, Do/Fr 9–21, Sa/So 9–17 Uhr)* im Komplex *Puke Ariki (1 Ariki Street | www.pukeariki.com)*, der auch Café, Restaurant und die i-Site beherbergt. Kunstliebhaber wandeln andächtig durch die *Govett-Brewster Art Gallery (tgl. 10–17 Uhr | 42 Queen Street)*, die auch mit zeitgenössischen Arbeiten aus der Umgebung Eindruck macht. Anspruchsvolles, modernes Kunsthandwerk verkauft *Kina NZ Design and Artspace (101 Devon Street West | www.kina.co.nz)*.

Die Stadt mit den dunklen Stränden zeigt ihre schönere Seite zweifellos im Oktober und November mit den aufblühenden ★ *Pukeiti Gardens (2290 Carrington Road | 29 km von New Plymouth entfernt)*. Damit nicht genug: Auch in den *Tupare Gardens (Mo–Fr 9–17, Sa/So 10–15 Uhr, nur im Sommer | 487 Mangorei Road | Abzweigung vom SH 3, Broad-*

BÜCHER & FILME

Jane Campion – Die gebürtige Neuseeländerin beschäftigt sich in ihren Filmen bevorzugt mit Themen ihrer Heimat. Ihr größter Kinoerfolg: „Das Piano" (1993). Der im neuseeländischen Regenwald gedrehte Film spielt im 19. Jh. und handelt – wie so oft bei Jane Campion – von einer starken, eigenwilligen Frau. Als solche wurde auch die neuseeländische Schriftstellerin Janet Frame in „Ein Engel an meiner Tafel" gezeichnet. Ihr gleichnamiger, autobiographischer Roman diente als Vorlage für den Film. 2013 beeindruckte Campion mit der spannenden sechsteiligen TV-Krimi-Serie „Top of the Lake", die von der Suche nach einem verschwunden, schwangeren Mädchen an eindrucksvollen Naturschauplätzen im Süden von Queenstown handelt.

Mit Herz und Hand – In dem anrührenden Film von 2005 verkörpert kein geringerer als Anthony Hopkins den sturen Kiwi Burt Monroe, der davon träumt, mit seiner Indian einen Geschwindigkeitsrekord für Motorräder aufzustellen.

Unter dem Tagmond – Neuseeland-Lektüre (1984) zum Nachdenken: Drei einsame, entwurzelte Menschen zerbrechen am Verlust traditioneller Bindungen. Mit Maoriblut in den Adern weiß Autorin Keri Hulme, worüber sie schreibt.

Whale Rider – Mit Maori-Mythologie durchwebte Sozialkritik hat diesen Film (2002) auch international zum Kinohit gemacht: Ein zwölfjähriges Maori-Mädchen lehnt sich gegen die uralte Tradition auf, als sie eine Führungsrolle in ihrem Stamm anstrebt.

Das Gartenfest und andere Erzählungen – Dieser Kurzgeschichtenband der Neuseeländerin Katherine Mansfield gehört zu den Klassikern des 20. Jhs. Eine gehörige Portion Sarkasmus würzt die Anekdoten der in Wellington geborenen Schriftstellerin.

way/Miranda Street | Stratford) sowie im *Pukekura Park (tgl. 9–19.30, Dez.–Feb. bis 23 Uhr | Liardet Street)* blüht es in allen erdenklichen Farbschattierungen. Anfang November beginnt zudem das farbenprächtige *Taranaki Rhododendron Festival*. Auskunft: *i-SITE New Plymouth (Puke Ariki | 65 Saint Aubyn Street | Tel. 06 759 08 97 | www.visitnewplymouth.co.nz | www.visit.taranaki.info)*

Die schöne Art-déco-Bebauung ist traurigen Ursprungs: Ein Erdbeben zerstörte Napier zuvor

INSIDER TIPP **SURF HIGHWAY (SH 45)**

(140 A5–6) *(🕮 G–H 7–8)*

Weg von New Plymouth und hin zu den dunklen, aber nicht minder reizvollen Sandstränden und populären Surfspots führt der SH 45, auch bekannt als *Surf Highway*. Auf über 100 km Länge bis Hawera liegen attraktive Küstenabschnitte nur kurze Abstecher entfernt, z. B. bei *Oakura* der *Oakura Beach Holiday Park (direkt am Wasser | Tel. 06 752 78 61 | www.oakurabeach.com | €)* oder das Surfer-Mekka *Opunake* mit dem *Opunake Beach Holiday Park (Tel. 06 761 75 25 | www.opunakebeachnz.co.nz | €)*.

NAPIER

(147 D6) *(🕮 K–L8)* ★ ● **Napier gilt als eine der schönsten Art-déco-Städte der Welt (50 000 Ew.), mit einer seltenen homogenen Architektur.**

Diese stilistische Geschlossenheit hat allerdings einen traurigen Hintergrund: Am 3. Februar 1931 erschütterte ein heftiges Erdbeben Napier und Hastings. Nach nur 3 Minuten lag ein großer Teil der Gebäude in Schutt und Asche, 256 Menschen starben. Innerhalb von 3 Jahren entstand danach eine neue Stadt. Wert legten die Architekten dabei auf die Einhaltung des Art-déco-Stils. Die geometrischen Ornamente und Formen waren Symbole der modernen, schnörkellosen, von alten Konventionen befreiten Zeit.

SEHENSWERTES

ART DÉCO WALK

Eine informative Broschüre (erhältlich auch in Deutsch in der i-Site) ist ein guter Führer auf dem knapp 90-minütigen Spaziergang durch die Art-déco-City. INSIDER TIPP Abends sind die Häuser dezent beleuchtet. Geführte Touren: *Deco Centre (tgl. 14 Uhr, ca. 90. Min. | alternativ auch Morgen- und Abendtouren, außerdem Deco Bus oder Bike Tours | 7 Tennyson Street | Tel. 0800 42 78 33 | www.artdeconapier.com)*

MTG HAWKE'S BAY

Sehr gute Audiovisions-Show zur Geschichte der Stadt. *Tgl. 10–17 Uhr | 10 NZ$ | 1 Tennyson Street | www.mtghawkesbay.com*

NEW ZEALAND NATIONAL AQUARIUM

Das Aquarium mit angeschlossenem *Kiwi House* gibt Einblick in die heimische Unterwasserwelt. Beliebt ist das Schwimmen mit Haien *(tgl. 9, 11 und 15 Uhr)*. *Tgl. 9–17 Uhr | 20 NZ$ | 546 Marine Parade | www.nationalaquarium.co.nz*

WEINGÜTER

Das milde Klima und der fruchtbare Boden machten die *Hawke Bay*, die sich von der Mahia-Halbinsel bis Cape Kidnappers erstreckt und deren Zentrum Napier ist, berühmt für ihren Wein und ihre Äpfel. Zwei der Dutzend Winzer in der Region sind besonders empfehlenswert: Der *McDonald Winery (tgl. 9–17, Touren 11, 14 Uhr | 150 Church Street | Tel. 06 8 44 20 53)* ist ein kleines Weinmuseum angeschlossen. Die *Mission Winery (Mo–Sa 9–17 Uhr | 198 Church Street)* von 1851 ist das älteste Weingut Neuseelands. Beide Betriebe liegen südöstlich in Taradale. Bei *Mission (€€)* bekommen Sie auch ausgezeichneten Lunch, ebenso wie im *Clearview Estate (194 Clifton Road | Te Awanga | Tel. 06 8 75 01 50 | €€)* und dem 500 m entfernten, hochmodernen Weingut *Elephant Hill (www.elephanthill.co.nz | €€)* sowie bei *Craggy Range (253 Waimarama Road | auf dem Weg zum wunderschönen Tuki Tuki Valley | Tel. 06 8 73 71 26 | €€)*.

ESSEN & TRINKEN

INSIDER TIPP WEST QUAY

Eine Reihe guter Restaurants und Bars, z. T. mit Terrasse und Blick aufs Wasser, finden Sie in und an den ehemaligen Lagerhallen im Stadtteil Ahuriri *(www.ahuriri.co.nz)*, ca. 3 km vom Zentrum.

EINKAUFEN

CLASSIC SHEEPSKINS

Jährlich exportiert Neuseeland rd. 230 000 t Wolle in 50 Länder. Eins der größten Lagerzentren liegt in Napier. Bei *Classic Sheepskins* wird vom Bettvorleger bis zum Plüschhund alles verkauft und verschickt. Die Führung durch den Schaffell verarbeitenden Betrieb ist kostenlos. *Mo–Fr 8.30–17, Sa/So 9–16 Uhr, Führungen tgl. 11, 14 Uhr | 22 Thames Street | zwischen Innenstadt und Ahuriri/Hafen | www.classicsheepskins.co.nz*

OPOSSUM WORLD

Ausstellung über das possierliche, aber lästige Beuteltier mit netter Souvenirabteilung. *Tgl. 9–17 Uhr | 157 Marine Parade | www.opossumworld.co.nz*

SPORT & FREIZEIT

OCEAN SPA

Toller Meerblick aus beheizten, mit Salzwasser gefüllten Pools. *Mo–Sa 6–22 Uhr, So 8–22 Uhr | 42 Marine Parade | Tel. 06 8 35 85 53 | www.oceanspanapier.co.nz*

ÜBERNACHTEN

BEACH FRONT MOTEL
Geräumige Zimmer mit Blick aufs Wasser. Gutes Preis-Leistungs-Verhältnis. *56 Zi. | 373 Marine Parade | Tel. 0800 778888 | www.beachfrontnapier.co.nz |* €€–€€€

AUSKUNFT

NAPIER I-SITE
100 Marine Parade | Tel. 06 8341911 | www.napiernz.com

ZIELE IN DER UMGEBUNG

CAPE KIDNAPPERS (147 E6) *(🕮 L8)*
Mit einer Flügelspannbreite von ca. 1,75 m ist der neuseeländische Tölpel *(gannet)* weltweit der kleinste seiner Gattung. Die ersten Jungen schlüpfen Anfang Dezember. An die 15 000 Touristen und Ornithologen, die sich zwischen November und Juni auf den Weg zum 15 km südöstlich von Napier gelegenen Kap machen, haben sich die 10 000 hier brütenden gelbköpfigen Vögel der *Tölpel-Kolonie* wohl gewöhnt.
Ausgangspunkt des Ausflugs ist der *Clifton Beach* (mit zwei Campingplätzen). Wenn Sie den etwa 8 km langen ● Fußweg über den Strand entlang der Steilklippen allein gehen wollen: Clifton nicht früher als 3 Std. nach dem Höchststand der Tide verlassen und das Cape nicht später als 1,5 Std. nach der niedrigsten Tide. Den Gezeitenkalender bekommen Sie bei der i-Site. Dort buchen Sie auch die Tour zur Kolonie *(www.gannetsafaris.com, www.gannets.com)*. Für Wohnmobilisten ist *Te Awanga Motor Camp (52 Kuku Street | Tel. 06 8750334)* ein guter Ausgangspunkt bzw. *Clifton Reserve (Tel. 06 8750263)*, etwa 1,5 km entfernt und direkt am Meer.

GISBORNE (147 F4) *(🕮 M7)*
Der junge Nick, ehemals Schiffsjunge auf James Cooks „Endeavour" sichtete hier 1769 als erster Engländer Land. Eine Landspitze wurde ihm zu Ehren „Young Nick's Head" benannt. In der Nacht zur Jahrtausendwende waren auf dem 90 Fahrminuten entfernten ☀ Mount Hikurangi alle Plätze restlos ausgebucht. Von hier aus genießt man exklusiv den von der Datumsgrenze her berechneten ersten Sonnenaufgang eines neuen Tages auf dem Festland. In und um die Stadt herrscht Weinseligkeit, denn Klima und Böden sorgen für erlesene Trop-

GANZ SCHÖN KALT

Das Meer um Neuseeland erreicht selbst im Hochsommer selten mehr als 18 Grad. Wer das Wasser so liebt, sollte zur Sicherheit nur an bewachten Abschnitten schwimmen und baden, denn die Strömungen haben es wirklich in sich. Entlang der 5650 km Küstenlinie herrschen vielerorts geradezu paradiesische Zustände. Die schönsten Strände der Nordinsel: *Ninety Mile Beach* (Northland, 103 km lang), *Coopers Beach* (Doubtless Bay), *Hahei Beach* (Coromandel Peninsula), *Mount Maunganui* (Tauranga) sowie um Raglan. Auf der Südinsel erstrecken sich attraktive Badestrände von den Marlborough Sounds über Nelson, Abel Tasman National Park, Golden Bay bis Farewell Spit *(Wharariki Beach)*.

Tausendfach tölpelhaft geht es jedes Jahr ab Dezember am Cape Kidnappers zu

fen, die den ansässigen Winzern alle Jahre wieder Auszeichnungen verschaffen. Wer biologisch-dynamisch angebauten Rebensaft bevorzugt, verkostet gerne in der *Millton Vineyards & Winery (Manutuke | 119 Papatu Road)*. Ein Wegweiser zu allen Weingütern ist in der *i-Site (209 Grey Street | Tel. 06 8 68 61 39 | www.gisbornenz.com)* erhältlich. *215 km nordöstl.*

HASTINGS (147 D6) *(K8)*

Mit Napier nur 20 km entfernt steht die 70 000 Einwohner-Stadt nicht nur architektonisch im Abseits: Kein Meer ist in Sicht und auch die meisten Weingüter liegen weiter weg. Aber dennoch lohnt eine Stippvisite, zumindest für Feinschmecker, die bei *Rush Munro's (Mo–Fr 12–17, Sa/So 11–17 Uhr | 704 Heretaunga Street West)* seit 1926 hausgemachtes, delikates Speiseeis bekommen, sich in der *Silky Oak Chocolate Company (1131 Links Road)* köstliche Pralinen auf der Zunge zergehen lassen und bei *Hohepa Organic Cheeses (363 Main Road)* leckeren Käse aus eigener Herstellung und von glücklichen Tieren bekommen, sowie andere Kost aus biologischem Anbau. Und Kinder lieben natürlich das Spaßbad *Splash Planet* (s. S. 127).

HAVELOCK NORTH (147 D6) *(K8)*

Die Kleinstadt profitiert von den großen Rebenfeldern der Umgebung. Weinliebhaber wie Gourmets treffen sich auf den Weingütern zum Lunch, z. B. in der *Black Barn (www.blackbarn.com)* oder beim supermodernen *Craggy Range Vineyard (www.craggyrange.com)*. Der *Te Mata Hügel* beschert Ihnen einen tollen Ausblick auf das naturbelassene Tuki Tuki Valley und die geschwungene Küstenlinie der Hawke Bay. Unterkunft in idyllischer Lage bieten hier die zwei behaglichen *Tom's Cottages (116 Matangi Road | Tel. 06 8 74 79 00 | www.tomscottages.co.nz | €€–€€€)*. *15 km südöstl.*

URUEWERA NATIONAL PARK

(147 D–E 4–5) (*K–L7*)
Der viertgrößte Nationalpark Neuseelands. Der Name bedeutet „brennender Penis“: Der Häuptling eines Maori-Stammes war wohl während des Schlafs mit dem empfindlichen Körperteil dem Feuer zu nahe gekommen. Von *Wairoa (100 km nordöstl. von Napier)* sind es 70 km bis zum herrlich ruhigen *Lake Waikaremoana* (147 E4–5) (*L7*) mit Campingplatz *(Tel. 06 8373826)* und *Visitor Information (Tel. 06 8286406 | www.lake.co.nz)*. Auf der Fahrt dorthin kommen Sie auch an den schönsten Abschnitten des sehr einsamen, abgelegenen Parks, in dem der Tuhoe-Stamm beheimatet ist, vorüber. Die Mitglieder des Stammes tragen den Namen „Kinder des Nebels“ *(children of the mist)*. Die sehr kurvenreiche Fahrt von Wairoa nach Rotorua dauert mindestens 5 Std.

Waitangi Treaty Grounds: Maske vom Kriegskanu der Maori

PAIHIA

(144 C3) (*H3*) **Knappe vier Autostunden nördlich von Auckland liegt die Bay of Islands, ein Gewirr von etwa 140 Inseln und Inselchen rund um die kleinen Städtchen Paihia, Kerikeri und Russell.** Die Bay mit ihren lang gezogenen, hellsandigen Stränden ist Teil des Northland. Das Gebiet ist nicht nur historisch interessant (etwa 3 km nördlich von Paihia, in *Waitangi*, liegt die „Wiege Neuseelands“), sie ist ideal für Angler, Segler und Faulenzer. Die höchsten Kauri-Bäume, Obstplantagen, ein 90 km langer Strand – all das findet sich in abwechslungsreicher landschaftlicher Umgebung. Segeltörns durch die Bay auf einem stilvollen *tall ship*, begleitet von Delfinen, bietet *R. Tucker Thompson (10 Uhr ab Russell, Rückkehr 15.30 Uhr | 145 NZ$ | Tel. 09 4028430 | www.tucker.co.nz)*.

SEHENSWERTES

WAITANGI TREATY GROUNDS ★

Das Anfang 2016 umfangreich erweiterte Museum präsentiert Ihnen einen sehr interessanten geschichtlichen Rückblick auf die Zeit der Besiedlung Neuseelands. Der Weg zum Treaty House führt durch Mangrovenwald vorbei an einem beeindruckenden 35 m langen, aus zwei Kauri-Stämmen zusammen gesetzten Maori-Kriegskanu für 150 Krieger. Es wird jedes Jahr anlässlich der Feierlichkeiten zum *Waitangi-Day* (6. Februar) zu Wasser gelassen.
Auf der riesigen, gepflegten Rasenfläche vor dem *Treaty House* (Vertragshaus)

versammelten sich am 6. Februar des Jahres 1840 fünfzig Maori-Häuptlinge und Vertreter der englischen Krone unter Führung des Generalgouverneurs für Neuseeland William Hobson und besiegelten den Waitangi-Vertrag, in dem die Maori an die Siedler Land abtraten. Eine Abschrift davon können Sie im Souvenirshop für ein paar Neuseelanddollar erwerben.

Wenige Schritte vom Treaty House entfernt steht das prunkvolle *Whare Runanga*, ein Maori Meeting House, mit Schnitzereien und Symbolen mehrerer Maori-Stämme aus dem Northland. Das ist untypisch, denn eigentlich besitzt jeder Stamm seine eigene Versammlungsstätte, *Marae* genannt. *Tgl. 9–17 Uhr, im Sommer bis 18 Uhr | 40 NZ$ | 1 Tau Henare Drive | an der Mündung des Waitangi River | www.waitangi.org.nz*

ESSEN & TRINKEN

ALONGSIDE

Tolles Terrassen-Bistro über dem Wasser an der Paihia Wharf. *69 Marsden Road | Tel. 09 4 02 62 20 | www.alongside35.co.nz* | €–€€

INSIDER TIPP WAIKOKOPU CAFÉ

Idyllisch am Waitangi Reserve gelegen, täglich werden hier Frühstück und Lunch serviert. *Tel. 09 4 02 62 75* | €–€€

EINKAUFEN

THE CABBAGE TREE

Sehr geschmackvoller Souvenirshop: Sie finden hier schöne Textilien aus Wolle und Baumwolle, Reiseerinnerungen und Mitbringsel aus Holz und Jade, außerdem Originaldrucke neuseeländischer Künstler. Zwei Geschäfte sind tgl. geöffnet: *Williams Street (www.thecabbagetree.co.nz)* und *Maritime Building*.

FREIZEIT & SPORT

ANGELN

Die Bay of Islands ist ein echtes Paradies für Hochseefischer, die von Dezember bis Juni Gelegenheit haben, einen richtig dicken Fang zu machen, z. B. mit einem bis zu 200 kg schweren Schwertfisch. Touren buchen können Sie z. B. bei *Wild Bill (40 Marsden Road | Tel. 09 4 02 70 85 | www.wildbill.co.nz)*.

GOLF

Einlochen mit herrlicher Aussicht: Zum Waitangi Golf Club gehört ein 18-Loch-Golfplatz, der ganz idyllisch an der Bay in der Nähe des Treaty House liegt. Die notwendige Ausrüstung können Sie gleich vor Ort mieten. *Tel. 09 4 02 77 13*

TAUCHEN

Eine Exkursion führt Sie zu dem im Jahr 1985 in Auckland vom französischen Geheimdienst versenkten Greenpeace-Schiff „Rainbow Warrior", das als Seedenkmal in der Bucht vor *Cavalli Island* in 22 m Tiefe liegt. Ausgangspunkt für diese Tauchtouren ist entweder Paihia *(Paihia Dive/Williams Road | Tel. 0800 10 75 51 | www.divenz.com)* oder die rund 50 km entfernte Matauri Bay mit dem direkt am Strand gelegenen INSIDER TIPP *Matauri Bay Holiday Park (Campingplatz | Tel. 09 4 05 05 25 | www.matauribayholidaypark.co.nz* | €*)*.

ÜBERNACHTEN

BLUE PACIFIC QUALITY APARTMENTS

In diesem schönen, kleinen Apartmenthotel genießen Sie einen unvergleichlichen „Million Dollar View" auf den Strand von Paihia. *12 Zi. | 166 Marsden Road | Tel. 09 4 02 73 94 | www.bluepacific.co.nz* | €€

SALTWATER LODGE
Zentral und ruhig gelegen, sauber, in Sichtweite der Bay. Eine „Five Star Backpacker Accomodation". *19 Zi. | 14 Kings Road | Tel. 09 4 02 70 75 | www.saltwaterlodge.co.nz |* €

AUSKUNFT

BAY OF ISLANDS I-SITE
The Wharf | Marsden Road | Tel. 09 4 02 73 45 | www.northlandnz.com

ZIELE IN DER UMGEBUNG

FAR NORTH (144 B1–2) *(🗺 F–G2)*
Der nördliche Zipfel der Nordinsel Neuseelands wird auch Far North District genannt, Zyniker sprechen von der Region als „The less North: winterless, jobless, roadless and penniless". Es empfiehlt sich, ab Paihia oder Kerikeri einen ca. 11-stündigen Ausflug zum Cape Reinga und zum ★ *Ninety Mile Beach* zu buchen. Der Weg dorthin ist weit und den 96 km langen Strand (die Bezeichnung 90 Meilen beruht vermutlich auf einem Übertragungsfehler in grauer Vorzeit) zwischen dem Cape Reinga und Ahipara sollten Sie mit einem Mietwagen ohnehin nicht befahren, weil auf dem Strandabschnitt Ihr Versicherungsschutz für das Auto erlischt.
Am landschaftlich ebenfalls eindrucksvollen *Cape Reinga*, wo Tasman Sea und Pazifik aufeinander treffen, gibt es einen hübschen Leuchtturm und tief unten am Kliff einen *Pohutukawa-Baum*. Genau dort, so der Glaube der Maori, verlassen die Verstorbenen Neuseeland, um in ihre Heimat, das sagenhafte Hawaiki, zurückzukehren. Ausflüge organisiert *Fullers Great Sights (Paihia | Tel. 0800 65 33 39 | www.dolphincruises.co.nz)*. Allgemeine Infos unter *www.fndc.govt.nz* und *www.northlandnz.com*

KAWAKAWA (144 C3) *(🗺 H3)*
Das originelle ● INSIDER TIPP *öffentliche Toilettenhäuschen* an der Haupteinkaufsstraße hat mit seiner Hundertwasser-Kunst innen und außen die ansonsten stille Ortschaft 15 km südlich von Paihia belebt. Gleich gegenüber werden im Galerie-Shop *The Grass Hut* Werke des Künstlers angeboten.

KERIKERI (144 C3) *(🗺 H3)*
In der „Fruchtschüssel des Nordlands" rund 25 km nördlich von Paihia verkaufen die Farmer am Straßenrand Kiwis, Orangen und Tomaten. In der kleinen Hafenbucht von Kerikeri (5500 Ew.) befindet sich mit dem 1822 gebauten *Mission House* das älteste Gebäude Neuseelands, der *Stone Store* ist das älteste Steingebäude des Landes (1835). Einen Steinwurf entfernt: *Rewa's Village,* oberhalb des Yachthafens, ist ein Freilichtmuseum mit der Nachbildung eines Maori-Dorfes *(Kainga)* aus der Zeit vor den Europäern *(Sept.–April tgl. 9–17, sonst 10–16 Uhr | 8*

Vom Cape Reinga aus sollen Neuseelands Verstorbene ins sagenhafte Hawaiki aufbrechen

NZ$). Süßigkeitenfans kommen an der selbst gemachten INSIDER TIPP *Makana-Schokolade (tgl. 9–17.30 Uhr | 504 Kerikeri Road)* nicht vorbei. Unbedingt probieren: Macadamia Popcorn. Übernachten kann man in den großzügigen und originell möblierten Chalets des *Avalon Resorts (340a Kerikeri Road | Tel. 09 4 07 12 01 | www.avalonresort.co.nz | €€–€€€)* in ruhiger, aber zentraler Lage nahe dem Ortskern.

RUSSELL (144–145 C–D3) *(H3)*
Ganz in der Nähe des recht verschlafenen, kleinen Orts Russell (1500 Ew.) an der östlich von Paihia gelegenen *Bay of Islands* lag einmal für ein Weilchen Neuseelands Hauptstadt. Zu dieser Zeit hieß Russell noch Kororareka und war wegen der rauen Walfänger und seiner losen Sitten verrufen als „Höllenloch im Südpazifik“. Nach Abschluss des Vertrags von Waitangi entstand 1840 in Okiato, ein paar Kilometer weiter Richtung Opua, die erste Hauptstadt. Okiato hatte man flugs nach einem Kapitän in Russell umbenannt und dann diesen Namen später – nachdem Auckland Hauptstadt geworden war – auf das ehemalige Kororareka übertragen. In Russell fallen an der *Christ Church (Robertson Road/Church Street)* aus dem Jahr 1835 noch die Einschusslöcher aus früheren Gefechten auf. Nördlich von Russell genießt man vom *Flagstaff Hill* am späten Nachmittag eine herrliche Aussicht über die Bay of Islands nach Paihia und kann danach noch auf ein Bier in den *Duke of Marlborough (The Waterfront)* gehen: Die Kneipe bekam als erste in Neuseeland eine Alkohollizenz. Das *Russell Museum (tgl. 10–16 Uhr | 13 NZ$ | 2 York Street)* birgt ein Modell des James-Cook-Schiffs „Endeavour“. In *The Gables (19 The Strand | Tel. 09 4 03 76 70 | €€–€€€)* genießen Sie Fischspezialitäten in historischem Ambiente, das INSIDER TIPP *Omata Estate (Aucks Road | kurz hinter dem Fähranläger in Opua Richtung Russell | Tel. 09 4 03 80 07 | www.omata.co.nz | €€–*

Vor lauter hohem Baum den Himmel nicht sehen: im Waipoua Kauri Forest

€€€) ist ein kleines Weingut mit Restaurant, von dem aus man einen herrlichen Blick über die Bucht hat. Lunch-Empfehlung! Gut wohnen kann man auf dem Campingplatz *Russell Top Ten Holiday Park (1 Long Beach Road | Tel. 09 4 03 78 26 | www.russelltop10.co.nz | €)*, wo preiswerte Hütten vermietet werden, oder in Zimmern mit traumhaftem Blick über die Bay, *Te Maiki Villas (9 Zi. | Flagstaff Road | Tel. 09 4 03 70 46 | zu buchen über www.bookabach.co.nz | €€€)*. Weitere Infos: *www.russellnz.com*

WAIMATE NORTH MISSION HOUSE

(144 C3) (*G3*)

21 km westlich von Paihia wurde 1831 diese erste Missionsstation im Landesinneren von Samuel Marsden, dem sogenannten Apostel Neuseelands, gebaut. *Nov.–April tgl. 10–17 Uhr*

WAIPOUA KAURI FOREST

(144 C3) (*G3*)

Am SH 12 zwischen Omapere und Dargaville stehen mit *Tane Mahuta*, „Gott des Waldes" (51 m hoch, 14 m Umfang), und *Te Matua Ngahere*, „Vater des Waldes" (30 m), die höchsten Kauri-Bäume Neuseelands. Das sehr eindrucksvolle *Kauri Museum (tgl. 9–17 Uhr | www.kauri-museum.com)* in Matakohe veranschaulicht die Geschichte der unter Naturschutz stehenden Kauri-Bäume, deren hochwertiges Hartholz dem hemmungslosen Kahlschlag der frühen Siedler zum Opfer fiel. So genannte *Gum Digger* machten Geschäfte mit dem als Klebstoff nutzbaren Harz, das aus den Wunden der hölzernen Riesen floss. Infozentrum *(Nov.–März Mo–Fr 8–16.30, Sa/So 9–16 Uhr)* am südlichen Parkende. *Ca. 70 km südwestl.*

ROTORUA

(147 D4) (*K6*) **Alle Wege führen nach Rotorua. Die Stadt, fast im Herzen der Nordinsel gelegen, ist als Kunst- und Kulturzentrum der Maori, aber auch als dampfende wald- und seenreiche Thermalregion Neuseelands touristisches Zentrum.**

150 km misst die *Volcanic Faultline*, die vulkanische Verwerfungslinie, vom Mount Ruapehu (Tongariro National Park) bis zur Vulkaninsel White Island. Trotz mächtigem Touristenansturm leben die knapp 68 000 Einwohner auch

heute noch von der Forstwirtschaft und der Holzverarbeitung.

SEHENSWERTES

AGRODOME LEISURE PARK

Touristisches Spektakel rund um die 19 verschiedenen Schafarten Neuseelands, die hier während einer einstündigen Show (mit Synchronübersetzung) endlich einmal alle präsentiert werden *(tgl. 9.30, 11, 14.30 Uhr | 31 NZ$ | 141 Western Road | Ngongotaha | Tel. 0800 33 94 00 | www.agrodome.co.nz)*. Nur ein paar Kilometer entfernt, kann man im *Agroventures Adventure Park (tgl. 9–17 Uhr | ab 49 NZ$ p. P./Attraktion, online günstiger | 1335 Paradise Valley Road | Ngongotaha | www.agroventures.co.nz)* u. a. im Zorb rollen (einem großen, luftgepolsterten Kunststoffball) oder in Mini-Jetbooten über einen engen Parcours rasen.

KIWI ENCOUNTER

Auf dem Gelände des Naturparks *Rainbow Springs (www.rainbowsprings.co.nz)* wird der Geburtenrate des struppigen, nachtaktiven und fast blinden Laufvogels nachgeholfen. 30 Minuten dauert die Führung durch die Brut- und Aufzuchtabteilung – vielleicht schlüpft ja gerade ein Küken. *Tgl. 10–16 Uhr | Eintritt 50 NZ$ inkl. Rainbow Springs und Spende an National Kiwi Trust | 192 Fairy Springs Road | www.kiwiencounter.co.nz*

ROTORUA MUSEUM

Aufwendig restaurierte ehemalige Badeanstalt im Tudorstil aus dem Jahr 1907. Die ständige Ausstellung zeigt die Kultur des im Rotorua-Gebiet heimischen Maori-Stammes Te Arawa. Vor dem Gebäude liegen Cricket- und Bowling-Rasenplätze. Eindrucksvolle Videoshow über den Tarawara-Ausbruch 1886. *Im Sommer tgl. 9–18, März–Nov. tgl. 9–17 Uhr | 20 NZ$ | Government Gardens | Tel. 07 3 50 18 14 | www.rotoruamuseum.co.nz*

SKYLINE SKYRIDES

Hügel mit schönem Blick auf den Lake Rotorua, diversen kuriosen Sportangeboten (u. a. Asphalt-Bobbahn) und einem Restaurant. *Fairy Springs Road | nahe Kiwi Encounter*

WHAKAREWAREWA & TE PUIA

Man kann es auch „Whaka" nennen, das Thermalgebiet *Whakarewarewa* in Rotorua mit seinen *mud pools* (Schlammlöchern) und Geysiren – der *Pohutu* erregt mit seiner bis zu 30 m hohen Fontäne am meisten Aufsehen.

In Whaka liegt das geistig-kulturelle Zentrum der Maori, *Te Puia*, mit dem *New Zealand Maori Arts and Crafts Institute (tgl. 8.30–17 Uhr | Folklorekonzert tgl. 10.15, 12.15 und 15.15 Uhr | Eintritt für Thermalgebiet und Konzert inkl. Führung zur vollen Stunde 64 NZ$ | Hemo Road)* und einem gut sortierten *Souvenirshop*. Sehenswert ist auch die Holzschnitzerwerkstatt. Die Architektur des Gebäudes auf einem *Marae* (Versammlungsplatz der Maori) symbolisiert die menschliche Gestalt, den Ahnen, der durch die Form des Hauses gegenwärtig ist: Der lang gezogene Firstbalken bildet das Rückgrat, die seitlichen Dachverstrebungen stellen die Rippen dar. Vorn umrahmen Giebelbalken wie zwei mächtige Arme die Türöffnung.

★ *Hangi* heißt das traditionell im Erdofen gegarte Essen, das meist u. a. aus Süßkartoffeln, Muscheln und Wildschwein besteht. Das beste Essen wird auf der Veranstaltung *(Mai Ora)* im Whakarewarewa *(Te Puia)* serviert, auch die Folkloreshow auf dem Marea ist gut. Kombinieren Sie eine Tour (ca. 2 Std.) durch das Thermalgebiet vor Beginn des Hangi (ca. 18.15 Uhr). *Day Pass und Han-*

gi 155 NZ$. Infos: Tel. 0800 83 78 42 | www.tepuia.co.nz. Authentische Veranstaltungen bieten auch *Tamaki Tours (ca. 115 NZ$ | Tel. 0508 82 62 54 | www.tamakimaorivillage.co.nz.)* auf einem *Marae* an. Ein Bus holt Sie ab.

ESSEN & TRINKEN

Viele Restaurants liegen an der Tutanekai Street („The Eat Street"). Wem der Sinn nach einem *Hangi* steht, ist meist auf die großen Massenveranstaltungen in den Hotels angewiesen.

CAPERS

Café mit modernem Outfit. Serviert werden köstliche Lunch-Gerichte und Delikatessen. Frühstück bis 12 Uhr. *Tgl. 7–21 Uhr | 1181 Eruera Street | Tel. 07 3 48 88 18* | €–€€

EINKAUFEN

Reich verzierte Holzschnitzkunst haben die Polynesier seit jeher ausgezeichnet. Nirgendwo sonst ist die Auswahl an Maori-Kunst (sowohl industriell als auch handwerklich gefertigt) so groß wie in den Souvenirshops von Rotorua.

FREIZEIT & SPORT

AIR SAFARIS

Ein besonderes Erlebnis ist der Flug über das Thermalgebiet von Rotorua. Ein gutes Preis-Leistungs-Verhältnis finden Sie bei *Volcanic Air Safaris (City Lakefront | Tel. 0800 80 08 48 | www.volcanicair.co.nz)*. Besonders eindrucksvoll ist ein Ausflug zum Krater des noch immer aktiven Mount Tarawera *(Dauer ca. 4 Std. ab/an City Lakefront | ca. 550 NZ$)*: Zunächst geht die Fahrt mit einem vierradangetriebenen Bus zum Krater, dann folgt eine einstündige Wanderung, dann der 15-minütige Rückflug mit dem Helikopter.

POLYNESIAN SPA

Das Spa direkt am Lake Rotorua verfügt über 30 verschiedene Pools und 26 separate private Becken. Sie werden aus verschiedenen Heilquellen gespeist. Besonders schön ist der Besuch an einem klaren Abend. *Tgl. 6.30–23 Uhr | 27–45 NZ$ | Hinemoa Street | neben dem Bath House und Museum | www.polynesianspa.co.nz*

ÜBERNACHTEN

Die Fenton Street ist die Hotelmeile der Stadt, Sonderpreise sind groß angeschlagen.

HOTEL GEYSERLAND

Am attraktivsten sind die Zimmer mit Blick auf die *mud pools*. Fragen Sie danach. *66 Zi. | 424 Fenton Street | Tel. 0800 88 18 82 | www.silveroaksgeyserland.co.nz* | €–€€

WAITETI LAKEFRONT MOTEL

Dieses einfache Haus, das außerhalb Rotoruas direkt am See liegt, bieten Ihnen auch einen Bootsverleih. *8 Zi. | Ngongotaha | 7 Arnold Street | Tel. 0800 52 25 26 | www.jackanddis.co.nz* | €€

AUSKUNFT

VISITOR INFORMATION

1167 Fenton Street | Tel. 07 3 48 51 79 | www.rotoruanz.com. Hilfreiche Karte mit Sehenswürdigkeiten rund um die Stadt.

ZIELE IN DER UMGEBUNG

BURIED VILLAGE (147 D4) *(🕮 K6)*

Das durch den Ausbruch des Tarawera-Vulkans 1886 verschüttete Dorf ist nun

Traditionelle Maori-Schnitzkunst: In Rotorua finden Sie die beste Auswahl weit und breit

ein Freilichtmuseum. Die Fahrt an den Green und Blue Lakes vorbei verspricht romantisch-verklärte Ausblicke auf Vulkan und See. *Tgl. 9–17 Uhr | 32 NZ$ | 1180 Tarawera Road | 16 km von Rotorua entfernt*

HAMILTON (146 B3) *(J6)*
Die mit 141000 Einwohnern größte Binnenstadt des Landes liegt zwar mittendrin, aber zur Inselmetropole reicht's nicht. Dennoch ist Hamilton einen Besuch wert, allein schon wegen des sehenswerten *Waikato Museum (tgl. 10–16.30 Uhr | 1 Grantham Street)*, wo Maori-Vergangenheit ebenso anschaulich präsentiert wird wie die Naturgeschichte der Region.
Gleich nebenan beherbergt die alte Post heute *Arts Post (tgl. 10–16.30 Uhr | 120 Victoria Street | www.waikatomuseum.co.nz/artspost)*, einen mit Kunst und Kunsthandwerk prall gefüllten Laden, eine wahre Fundgrube bei der Souvenirjagd.

Für erholsame Spaziergänge erstreckt sich südöstlich der City und entlang des Waikato River die 50 ha große Parkanlage der *Hamilton Gardens*. Zentrale Anlaufstelle für Essen und Trinken ist die *Victoria Street* (zwischen Garden Place und Hood Street), wo sich abends auch die junge Studentenszene der renommierten Universitätsstadt trifft. Die allgegenwärtigen Thai-, China- und indischen Restaurants tischen gut und günstig auf. Wer klasse Kiwi-Küche bevorzugt, sollte einen Tisch im *Palate (Di–Sa Dinner | 20 Alma Street | Tel. 07 8 34 29 21 | €€)* bestellen. In Hamilton verbrachte Richard O'Brien seine Jugend, bevor er als 22-Jähriger nach London ging, die *Rocky Horror Picture Show* schrieb (Uraufführung 1973) und darin als Butler Riff Raff auftrat. Seine *Statue* mit Webcam steht nun auf der Victoria Street (Höhe Nr. 230). Ein idealer Spot für ein Livegespräch nach Hause mit dem Handy.
Neuseelands Surfer-Mekka liegt nur ca. 50 km von Hamilton entfernt: *Raglan*

(www.raglan.net.nz), ein kleines, aber munteres Dorf an der Westküste, wo das Wellenspiel in der *Manu Bay* oder *Whale Bay* passionierten Wellenreitern gerade recht kommt. Anfänger auf dem Brett sind bestens aufgehoben bei der *Raglan Surf School (5b Whaanga Road | Whale Bay | Tel. 07 8 25 78 73 | www.raglansurfingschool.co.nz)*, die Ausrüstung vermietet und einfache Unterkünfte in Strandnähe anbietet. Äußerst beliebt – nicht nur an Schlechtwettertagen – sind die Kurse im *Old School Arts Centre (www.raglanartscentre.co.nz)*, die in traditionellen Maori-Handwerkskünsten wie Schnitzen und Weben unterrichten. 42 km östlich von Hamilton liegt mit *Hobbiton* der einzig verbliebene Filmset von „Der Herr der Ringe" und „Der Hobbit" im Herzen des Waikato Country. Die *Hobbiton Movie Set Tours (tgl. alle 30 Minuten | ca. 75 NZ$ plus Transfer, auch ab Rotorua oder Matamata, 16 km entfernt | 105 Buckland Road | Tel. 07 8 88 15 05 | www.hobbitontours.com)* im Shire der Mittelerde sind für Frodo-Fans ein Highlight. Auskunft: *Hamilton i-Site (Corner of Caro & Alexandra Street | Tel. 07 9 58 59 60 | www.visithamilton.co.nz, www.hamiltonwaikato.com)*

Hamilton: Zu klein für eine Inselmetropole, aber dennoch sehenswert, z.. B. im schönen Park

LAKE TAUPO (146 C4–5) *(🗺 J–K7)*
Mit 660 km² ist der Krater eines erloschenen Vulkans der größte See Neuseelands und bekannt für seinen enormen Forellenreichtum. Gute Restaurants, z. B. *Replete (45 Heuheu Street | Tel. 07 3 77 30 11)* oder *The Merchant of Taupo (114 Spa Road | Tel. 07 3 78 46 26)* mit toller Weinauswahl, und Motels, z. B. *Clearwater, Karaka Tree* und *de Brett's* mit Campingplatz und *hot pools* (kostenlose Stellplätze am Ufer nahe dem Hafen), machen einen Aufenthalt in dem Örtchen *Taupo* angenehm. Außerdem interessant: ein Ausflug mit dem Segel-

schiff „Barbary" über den Lake *(Maori Rock Carvings)*, ein Bungy Jump und die Fahrt durch den Wairakei Tourist Park mit dem Besuch eines *Huka Prawn Park* und des *Volcanic Activity Centre* (s. S. 127), wo plastisch erklärt wird, warum die Erde bebt und brodelt. Die *Huka Falls* sind eine schmale Schlucht, durch die der Waikato River schießt, mit 400 km längster Fluss Neuseelands. Die schnellen Jetboote von *Hukafalls Jet (www.hukafallsjet.com)* starten an am Huka Prawn Park. Auskunft: *Taupo i-Site (Tongariro Street | Tel. 07 3 76 00 27 | www.greatlaketaupo.com). 75 km südwestl.*

NGARUAWAHIA (146 B3) *(🕮 J6)*

Hier wurde 1858 mit Potatau I. erstmals ein von den meisten Stämmen im sogenannten King Country anerkannter Maori-König gewählt. Von ihm stammt auch die Maori-Königin Te Ata-i-rangi-kaahu ab, die bis zu ihrem Tod 2006 im *Turangawaewae Marae* ihren repräsentativen Pflichten mit geringem politischen Einfluss nachging. Ihr Schicksal war, dass es Frauen in vielen *tribes* nicht erlaubt ist, auf einem Marae-Gelände eine Rede zu halten. Nachfolger wurde ihr ältester Sohn Tuheitia Paki. Das „Königreich" ist von außen zu sehen (von der Flussbrücke aus), aber der Öffentlichkeit nicht zugänglich. Mitte März gibt es hier eine Regatta mit mächtigen Kriegskanus *(Wakas). 110 km nordwestl.*

TAURANGA (146–147 C–D3) *(🕮 K6)*

Die zweifellos schönste Seite von Tauranga (120 000 Ew.) beginnt im benachbarten Seebad *Mount Maunganui,* benannt nach dem über 230 m hohen Hügel am Meer: feinster Sandstrand so weit das Auge reicht, faktisch mindestens 15 km lang, bis hinter Papamoa. Hier am Wasser herrscht muntere Freizeit- und Urlaubsstimmung, bevölkern Surfer mit ihren Brettern unterm Arm die Promenade. Entsprechend vielfältig ist das Angebot an Unterkünften. Im *Ocean Waves Motel (16 Zi. | 74 Marine Parade | Tel. 07 5 75 45 94 | 0800 74 30 19 | €€)* verfügen einige Zimmer über Seeblick, Camper stehen zentral und strandnah auf dem *Beachside Holiday Park (1 Adama Av. | Tel. 07 5 75 44 71 | www.mountbeachside.co.nz | €)* mit den geheizten *Hot Saltwater Pools (Mo–Sa 6–22, So 8–22 Uhr | 9 Adams Av.)* nebenan.

Zur lebhaften Innenstadt von Tauranga wölbt sich die Harbour Bridge über die geschützte Hafenbucht. Restaurants, Cafés und Bars konzentrieren sich am Wasser, entlang der Uferstraße The Strand. Die *locals* allerdings essen gerne ein paar Meter entfernt am kleinen Fischereihafen, wo der *Fresh Fish Market (tgl. Lunch, Dinner | 1 Dive Crescent)* nicht nur Fangfrisches verkauft, sondern auch knusperige Fish & Chips reicht. *90 km nördl.*

Auskunft: *i-Site (Willow Street 95 | Tel. 07 5 78 81 03 | www.bayofplentynz.com)*

TE PUKE (147 D3) *(🕮 K6)*

„Kiwifruit Capital of the World" nennt sich das kleine Nest, das alljährlich im Mai und Juni in hektischen Trubel verfällt. Dann werden in der sonnenreichen *Bay of Plenty* (Bucht des Überflusses) die Kiwis geerntet. *Kiwi 360 (Führungen durch die Plantage am SH 2 tgl. 9–15.45 Uhr | kiwi360.com)* zeigt (und verkauft) alles, was mit der chinesischen Stachelbeere zu tun hat. *50 km nördl.*

VULKANGEBIETE (147 D3–4) *(🕮 K6–7)*

Reizvoller als das Whaka-Thermalgebiet in Rotorua sind etwa einstündige Spaziergänge durch *Hell's Gate (am SH 30 Richtung Whakatane | www.hellsgate.co.nz)*. Besonders lohnt das fast irreal wirkende, von der Natur mit sprudelnden Gewässern ausgestattete ★ *Waimangu*

Volcanic Valley 23 km südlich von Rotorua, das damit wirbt, den größten „kochenden See" der Welt zu besitzen. Das *Waiotapu Thermal Wonderland*, 30 km südlich gelegen, lockt mit den farbenfrohen Champagner-Pools. Beide Thermalgebiete liegen am SH 5 zwischen Rotorua und Taupo. Sparen können Sie sich hier den Lady-Knox-Geysir: Er wird täglich gegen 10.15 Uhr künstlich mit Seifenpulver wach gekitzelt – nicht besonders prickelnd.

WAIRAKEI TERRACES WALKWAY

(146 C4) (*K7*)

Schön angelegter Rundweg (rd. 45 Min.) am Rande des *Thermal Valley*, das Thermalquellen zur Stromerzeugung nutzt. Höhepunkt sind die (künstlich angelegten) *Sinter-Terrassen* (Ablagerungsstufen) sowie Erklärungen zur Maori-Kultur. *Tgl. 8.30–20.30 Uhr | 28 NZ$ | 5 Fahrmin. nördl. von Taupo am Abzweig zu den SH 1 und 5 | www.wairakeiterraces.co.nz*

WAITOMO GLOWWORM CAVES

(146 B4) (*J7*)

Die Höhlen mit Millionen von Glühwürmchen sind ein Magnet für Tagestouristen *(tgl. 9–17 Uhr | 46 NZ$ | www.waitomo.com)*. Abenteuerlich ist der INSIDER TIPP **Lost World Tandem Abseil** *(Tel. 07 8787788 | 360 NZ$ für 4 Std. | www.waitomo.co.nz)*: Seilen Sie sich 100 m ab in die Kalksteinhöhle, wo es tellergroße Austernfossilien und unterirdische Wasserfälle zu sehen gibt. Für weniger Mutige wird das *Blackwater Rafting/Black Labyrinth (tgl. 9–16 Uhr | ca. 3 Std. | 135 NZ$ | Tel. 07 8786219 | www.waitomo.com)* mit aufgeblasenen Reifenschläuchen in einer dunklen Höhle, der *Black Labyrinth Tour*, zum Abenteuer.

Wer die Unterwelt scheut, kann sich im *Woodlyn Park (10 Zi. | 1177 Waitomo Valley Road | Tel. 07 8788866 | www.woodlynpark.co.nz | €€–€€€)* bei einer amüsanten *Farm Show* allerbestens die Zeit vertreiben. Und warum nicht anschließend in einer der INSIDER TIPP **originellen Unterkünfte** sein Haupt betten? In einem Flugzeug zum Beispiel, einem Eisenbahnwaggon, Schiff oder einer Hobbit-Höhle (s. S. 19). Alternativ kommen Sie ganz konventionell, aber gut und zentral, auch in den 24 Komfortzimmern auf dem meist gut besuchten *Top Ten Holiday Park (12 Waitomo Caves Road | Tel. 07 8787639 | 0508 498660 | www.waitomopark.co.nz | €)* unter. Auskunft: *Waitomo Caves Discovery Center (21 Waitomo Caves Road | im Ortszentrum | Tel. 07 8787640 | www.waitomocaves.com)* mit interessanten Displays zur Geologie der Karsthöhlen. Trotz des großen touristischen Angebots gibt es weder eine Tankstelle noch ein Lebensmittelgeschäft im Ort. *160 km östl.*

Alternativ lohnt ein Besuch der *Ruakuri Natural Bridge*, Teil des kurzen und einfach zu gehenden *Ruakuri Bush Walk (ca. 1 km | ab Ruakuri Parkplatz, ca. 4 km westlich von Waitomo, an der Tumutumu Road ausgeschildert)* An beiden Seiten der Brücke kann man im Dunkeln Glühwürmchen sehen, die auch stellenweise den Walk illuminieren.

WHAKATANE (147 D3) (*L6*)

Wunderschöne Strände umschließen die kleine Küstenstadt, der populärste ist *Ohope Beach* im Osten. Knapp 50 km vor der Küste wabern Rauchfahnen über *White Island*, einer aktiven Vulkaninsel, die nur im Rahmen geführter Ausflüge zugänglich ist – ob aus der Luft mit den *Frontier Helicopters (ab Whakatane Airport | Dauer 2,5 Std. | ca. 650 NZ$ | Tel. 07 3084188 | 0800 804354 | www.frontierhelicopters.co.nz)* oder zu Wasser mit *White Island Tours Pee Jay (15 The Strand East | Dauer 6 Std. | Tel.*

Trinken leider verboten: Champagnerpool im Waiotapu Thermal Wonderland

07 3 08 03 03 | www.whiteisland.co.nz). Aufs offene Meer führen auch Bootausflüge zur Wal- und Delfinbeobachtung, einige lassen mit Delfinen schwimmen, z. B. *Whale Island Tours (96 The Strand | Tel. 07 3 08 20 01 | 0800 3 54 77 37 | www.whaleislandtours.com). 85 km östl. | www.whakatane.com*

WANGANUI

(149 D2) (*J9*) **Die Hauptattraktion des Städtchens Wanganui ist ihr Fluss, der Whanganui River, den man einst den „Rhein Neuseelands" nannte – eine Anspielung auf den Schiffsverkehr mit den um die Jahrhundertwende beliebten Flusskreuzfahrten.**

Ein wenig von dieser Atmosphäre ist noch spürbar, wenn man mit dem restaurierten Dampfschiff INSIDER TIPP *„Waimarie" (Whanganui River Cruises | tgl. 14 Uhr ca. 2 Std. | ca. 33 NZ$ | waimarie.co.nz)* oder per Auto dem Flussverlauf zwischen der Stadt und Pipiriki folgt. Das nunmehr 40 000 Einwohner zählende Wanganui in der Schwemmebene wirkt etwas verschlafen, abends sogar wie ausgestorben. Besichtigen kann man die *Putiki Church (2 Anaua Street | Putiki)* mit ihren interessanten Maori-Schnitzereien.

SEHENSWERTES

WHANGANUI REGIONAL MUSEUM

Enthält eine der umfangreichsten und zugleich wohl schönsten Jadesammlungen *(greenstone)* der Welt. Auch zu sehen: Kunsthandwerk und ein Kriegskanu der Maori. *Tgl. 10–16.30 Uhr | Queens Park Memorial | Watt Street | www.wrm.org.nz*

FREIZEIT & SPORT

WHANGANUI RIVER

Der Fluss ist rund 315 km lang, entspringt am Westhang des Mount Tongariro und führt über weite Strecken durch den *Whanganui National Park*, dem er seinen Namen gegeben hat. Mit Kanu und Kajak ist er ab Taumarunui ohne Schwierigkeiten bis Wanganui zu befahren, die 234 km sind eine Traumstrecke durch

Wie bei den Elben zu Hause: Kanutour auf dem zauberhaften Whanganui River

dschungelähnlichen Busch und über 240 leichte Stromschnellen; Buchungen z. B. über *Wades Landing Outdoors (Owhango | Tel. 06 8 95 59 95 | www.whanganui.co.nz)*. Die Beschaulichkeit wird ein wenig durch die lauten Jetboote gestört, die zumeist in *Pipiriki* starten. Ein *Information Centre (tgl. 9–17.30 Uhr, nur im Sommer)* gibt's im restaurierten Colonial House, das Europäer Ende des 19. Jhs. bauten. Von Pipiriki bis Wanganui sind es über eine größtenteils asphaltierte, aber sehr kurvenreiche (und für Wohnmobile auch stellenweise extrem enge) Straße entlang des Flusses etwa 80 km, vorbei an den wenigen verbliebenen Maori-Siedlungen.

Begleiten Sie für 70 NZ$ Valerie und Alois auf ihrem INSIDER TIPP **„Mail Run"** *(Mo–Fr ab 7.30 Uhr (max. 12 Personen) | Tel. 06 3 45 34 75 | www.whanganuitours.co.nz)* von Wanganui nach Pipiriki, und tragen Sie mit ihnen sechs Stunden lang die Post aus – keiner kennt die Gegend hier besser!

AUSKUNFT

WANGANUI I-SITE

Auch Vermittlung von Unterkünften. *31 Taupo Quay | Tel. 06 3 49 05 08 | www.whanganuinz.com*

ZIELE IN DER UMGEBUNG

PALMERSTON NORTH (149 E3) *(J9)*

Das großzügige Zentrum (68 000 Ew.) des landwirtschaftlich bedeutungsvollen Bezirks *Manawatu* mit einem interessanten *Rugby-Museum (tgl. 10–*

17 Uhr | 12 NZ$ | 326 Main Street | www.rugbymuseum.co.nz). 70 km südöstl.

TONGARIRO NATIONAL PARK

(149 D–E 1–2) (*J8*)
Der älteste Nationalpark Neuseelands war 1887 ein Geschenk des Maori-Häuptlings Te Heuheu an die englische Krone, um die einmalige Hochlandschaft zu schützen. Am Ngauruhoe gab es in den letzten 150 Jahren 60 Eruptionen. Ein Ausbruch des Mount Ruapehu am Weihnachtsabend 1953 kostete 151 Menschen das Leben. Die Eruptionen 1995 und 1996 waren Naturschauspiele vor verschneiter Kulisse und verliefen glimpflich. Vulkane bilden die bis zu 2796 m hohe, mächtige Kulisse eines sehr beliebten Skigebiets, dessen Zentrum oberhalb des *Chateau Tongariro (64 Zi. | Tel. 07 8 92 38 09 | www.chateau.co.nz | €€–€€€)* in Whakapapa liegt, dem 1929 erbauten Luxushotel mit der Atmosphäre englischer Herrensitze. Der Sessellift ist auch sommers in Betrieb, und Sie können (auch geführte) Tagesausflüge an den Kraterrand *(Crater Climb)* machen *(Ende Nov.–Ende April je nach Wetter tgl. 9 Uhr ab Liftstation Whakapapa | ca. 145 NZ$ | Buchung Tel. 07 8 92 37 29 | short.travel/neu7* oder *Tel. 0508 78 27 34 | www.mtruapehu.com).*
Am Hotel und im *Whakapapa Village (tgl. 8–17 Uhr | Eintritt frei | Tel. 07 8 92 38 97 | www.whakapapa.net.nz)* – mit Campingplatz und Ranger-Station mit Displays über die Vegetation und Bergwelt des Parks – beginnen herrliche Wanderungen, wie etwa der anstrengende Tagesausflug INSIDER TIPP „Tongariro Crossing"; sehr gute Führungen durch *Terry Blumhardt (www.walkingplaces.co.nz).* Im Ort *National Park (an der Kreuzung SH 4 und 47)* gibt es Einkaufsmöglichkeiten und gute, preiswerte Unterkünfte. *290 km nordöstl.*

WELLINGTON

KARTE IM HINTEREN UMSCHLAG

(149 D5) (*H10*) **„Windy" ist der Beiname der Hauptstadt Wellington (200 000 Ew.), pfeift hier doch fast jeden Tag ein herber Wind durch die Hochhäuserschluchten in der City und über die Hügel mit ihren hübschen Einfamilienvillen aus Holz.**

WOHIN ZUERST?

Lambton Quay: Die Hauptgeschäftsstraße führt vom Civic Square (Visitor Centre) zum Regierungsviertel, vorbei an der Cable Car (Botanic Gardens), und in der Verlängerung bis zur Hafenpromenade mit dem Nationalmuseum. In der Nähe: das Einkaufsviertel um die verkehrsberuhigte Cuba Mall und die Restaurants/Bars am Courtney Place. Die Innenstadt ist gut zu Fuß zu erkunden. Stadtnahe Parkplätze liegen entlang der Hafenpromenade.

Der INSIDER TIPP *Lookout* auf dem 196 m hohen Hausberg Mount Victoria erlaubt Ihnen einen herrlichen Blick über die Stadt und den Hafen Port Nicholson bis nach Petone. Hier wurde Wellington im Jahr 1839 gegründet; und hier kämpfte der Zimmermann Samuel Parnell schon ein Jahr später für den 8-Stunden-Tag. Die 23 km breite *Cook Strait* trennt die Nordinsel von der Südinsel. Vor allem rund um Wellingtons Haupteinkaufsstraße *Lambton Quay,* die vor der Landgewinnungsmaßnahme und einem Erdbeben 1855 noch Meeresküste war, geht es recht geschäftig zu. Doch von Hektik ist selbst im Regierungsviertel Wellingtons wenig zu spüren.

SEHENSWERTES

Infos zu den öffentlichen Verkehrsmitteln bekommen Sie unter *www.metlink.org.nz*. Ein *Hop-on-Hop-off-Bus (tgl. 10–14 Uhr zur vollen Stunde ab i-Site | 45 NZ$ für 24 Std. | www.hoponhopoff.co.nz)* verbindet die wichtigsten Sehenswürdigkeiten Wellingtons miteinander.

BOTANIC GARDENS

Der Botanische Garten aus dichtem Busch und exotischen Pflanzen ist Mittelpunkt einer 90-minütigen individuellen Rundtour, die an der ★ *Cable Car (280 Lambton Quay)* startet. Das kleine Bähnchen transportiert Sie auf 122 m Höhe zum Stadtteil Kelburn. Dann führt der Weg durch den 22 ha großen Botanischen Garten zum *Lady Norwood Rose Garden (Blütezeit Nov.–April)* mit fast 2000 Rosensorten und über den *Bolton Street Memorial Park* mit den Grabstätten einflussreicher Bürger zurück in die Stadt. *www.wellington.govt.nz*

KATHERINE MANSFIELD HOUSE

Geburtshaus der durch ihre Kurzgeschichten weltberühmt gewordenen Autorin (1888–1923). In dem schlichten, aber aufwendig renovierten Haus lebte Katherine Mansfield fünf Jahre lang. *Di–So 10–16 Uhr | 8 NZ$ | 25 Tinakori Road*

MUSEUM OF WELLINGTON CITY AND SEA

Originelle Aufbereitung der Geschichte der Seefahrerstadt. *Tgl. 10–17 Uhr | Eintritt frei | 3 Jervois Quay | Queens Wharf*

THE NATIONAL TATTOO MUSEUM

Tiefe Einblicke in die Welt des Tattoo bzw. *Moko* auf Maori, bei den Polynesiern von großer Bedeutung. *Mo–Do, So 12–17.30, Fr/Sa 12–20 Uhr | Eintritt frei | 187 Vivian Street | www.mokomuseum.org.nz*

NEW ZEALAND PARLIAMENT

Neuseelands Regierung residiert in drei verschiedenen Gebäuden. In dem charakteristischen *Rundbau (Beehive)*, der tatsächlich aussieht wie ein Bienenkorb, sind die Ministerien untergebracht. Mit dem 70 m hohen Gebäude sind die *Parliament Buildings (Bowen Street)* verbunden. Im Plenarsaal (eine Kopie des englischen Westminster) können Zuschauer die Rededuelle verfolgen. 120 Abgeordnete regieren hier über Neuseeland, davon sieben Vertreter der Maori. Gegenüber liegt das *Government Building (Molesworth Street)* (1876). Es ist das zweitgrößte hölzerne Gebäude der Welt – auch wenn es wie ein Steinbau wirkt. *Tgl. kostenlose Führungen Parlamentsgebäude und Bücherei jeweils zur vollen Stunde zwischen 10–16 Uhr | Reservierung unter Tel. 04 8 17 95 03 | Molesworth Street | www.parliament.nz*

TE PAPA TONGAREWA (MUSEUM OF NEW ZEALAND) ★ ●

Schwerpunkte dieses hochmodernen Prunkstücks bilden Ausstellungen zur Natur, zur polynesischen Geschichte und zur Besiedlung des Landes. Der Eintritt ist frei, jedoch nicht die Benutzung der High-Tech-Simulatoren. Der INSIDER TIPP *Souvenirshop* ist einen Besuch wert: Hier können Sie kunstvolle Briefkarten und schönen Schmuck erwerben. *Fr–Mi 10–18, Do 10–21 Uhr | 55 Cable Street | www.tepapa.govt.nz*

THE WETA CAVE

Ein faszinierender Blick in die Geheimnisse der Filmanimation: *Weta* ist das Trickstudio, das durch den neuseeländischen Regisseur Peter Jackson („Herr der Ringe") weltberühmt und mehrfach mit Oscars ausgezeichnet wurde (u. a. für „Avatar"). Zum Anfassen gibt es jede Menge originelle Souvenirs und einen eindrucks-

Wer mit der Cable Car den Hügel erklimmt, genießt einen tollen Blick auf Wellington

vollen 20-minütigen Film (kostenlos, keine Reservierung) sowie eine 45-minütige Führung (Blick durch die Fenster der Workshops). Es ist schwierig, einen Parkplatz zu finden! *Tgl. 9–17.30 Uhr | Führung online reservieren, ca. 25 NZ$ | Cnr Camperdown Road | Weka Street | Miramar | www.wetanz.co.nz*

Touren zu verschiedenen Filmsets rund um die Hauptstadt (auch „Herr der Ringe") können Sie auch mit *www.movietours.co.nz* unternehmen.

ZEALANDIA

Ausgedehnter Naturpark am westlichen Stadtrand mit seltenen Vogelarten und wild lebenden Tuatara-Echsen. 30 km Wanderwege durchziehen das Gelände; auch geführte Touren möglich. Außergewöhnliche Naturerlebnisse gibt es im Dunkeln bei der *Night Tour (tgl. 9–17 Uhr | 75 NZ$ | Waiapu Road | www.visitzealandia.com)*. Ausschließlich einheimische Pflanzen präsentieren sich entlang gepflegter Wege durch die wild-romantische *Otari-Wiltons Bush Reserve (Eintritt frei | 160 Wilton Road | www.wellingtonnz.com)*.

ESSEN & TRINKEN

In Wellingtons ausgezeichneten Restaurants müssen Sie teilweise mit Hauptstadtaufschlägen rechnen. Die Zentren sind: *Courtenay Place*, mit *Monsoon Poon (12 Blair Street | Tel. 04 8 03 35 55 | €€)*, *Queens Wharf* bzw. *Customhouse Quay* mit tollem Blick aufs Wasser, mit *Wagamama (€€–€€€)* und *Portofino (€€–€€€)*, der Kaffeerösterei *Mojo (33 Customhouse Quay | www.mojocoffee.co.nz)* sowie dem *Shed 5 (Tel. 04 4 99 90 69)*. In der *Upper Cuba Street* sind das *Logan Brown (€€–€€€)*, das *Floriditas (Nr. 161)* und der *Trawling Sea Market (Tel. 04 3 84 84 61 | Nr. 220 | gegenüber dem Quality Hotel | €)* zu finden. Selbstversorger decken sich bei *Commonsense Organics (260 Wakefield Street)* und *Moore Wilson's Fresh Market (93 Tory Street | gegenüber Café L'Affare)* ein.

CAFÉ L'AFFARE
Wellingtons Kaffee-Institution serviert auch leckeres Frühstück. *Mo–Fr 7–16, Sa 8–16, So 9–16 Uhr | 27 College Street | Tel. 04 3 85 97 48 | www.laffare.co.nz | €*

MATTERHORN
Mal super, mal so lala, aber immer Garant für originelle Zubereitung und Präsentation. Stets gut besucht, Reservierung empfohlen. *Tgl. Lunch, Dinner | 106 Cuba Street | Tel. 04 3 84 33 59 | www.matterhorn.co.nz | €€–€€€*

Setzen, stellen, legen? Ausgefallenes Holzschnitzwerk in der Kura Gallery

EINKAUFEN
Ausgefallenen Schmuck und Holzschnitzprodukte bekommt man bei *Ora (23 Allen Street)* und nebenan in der *Kura Gallery (Nr. 19)* sowie bei *Iko Iko (118 Cuba Mall)*. Nur noch online bestellen kann man bei *Iwi Art (www.iwiart.co.nz)*

FREIZEIT & SPORT

BADEN
Die Strände der Wellingtonians liegen an der *Oriental Parade* (nahe der Innenstadt), *Island Bay* und *Lyall Bay* (mit Blick auf die Südinsel) sowie *Days Bay* in Muritai bzw. im feineren Stadtteil *Eastbourne (auch mit der Fähre: www.eastbywest.co.nz)*. Stellenweise hat das Wasser aber keine Badequalität.

AM ABEND
Am Courtenay Place sind z. B. die Irish Bar *Molly Malone's (Courtenay Place/ Ecke Taranaki Street)* und *The Grand (Nr. 69)* zu empfehlen. Nach 22 Uhr verwandeln sich viele Pubs in Diskotheken. Veranstaltungen unter *www.wotzon.com*

ÜBERNACHTEN

CQ HOTEL
Zusammenschluss von zwei Hotels (Quality und Comfort), sehr zentral an der Cuba Street gelegen, für Stadtliebhaber ideal. *180 Zi. | 223 Cuba Street | Tel. 04 3 85 21 56 | www.hotelwellington.co.nz | €€–€€€*

THE WELLESLEY BOUTIQUE HOTEL
Der frühere Club der Holzbranche ist heute ein charmantes Hotel mit gediegener Ausstattung und klassischer Holzvertäfelung, zentral gelegen. *13 Zi. | 2–8 Maginnity Street | Tel. 04 4 74 13 08 | www.wellesleyboutiquehotel.co.nz | €€€*

WELLINGTON WATERFRONT MOTORHOME PARK
Zentraler geht's wirklich nicht: Von dem mit sanitären Einrichtungen ausgestat-

teten Wohnmobil-Übernachtungsplatz am Hafen ist es nah zu den Fähren auf die Südinsel und nur ein Sprung in die City. Idealer Ausgangspunkt für Rundgänge durch die Stadt. *Ca. 50 NZ$/2 P. | Waterloo Quay | Tel. 04 4 72 38 38 | www.wwmp.co.nz*

FÄHREN

Die Fähren von *Interislander (ab Aotea Quay, ca. 2 km vom Zentrum | Tel. 0800 80 28 02 | 04 4 98 33 02 | www.interislander.co.nz)* fahren dreimal täglich in gut drei Stunden von der Nord- zur Südinsel. An den Wochenenden und zu Hauptferienzeiten unbedingt reservieren! Stand-by-Tarife sind übrigens nicht preiswerter! Alternativ: Die *Bluebridge-Fähre (3-mal tgl. | Tel. 0800 84 48 44 | 04 4 71 61 88 | www.bluebridge.co.nz)* legt am Terminal gegenüber dem Hauptbahnhof von Wellington ab.

AUSKUNFT

WELLINGTON I-SITE

101 Wakefield Street | Tel. 04 8 02 48 60 | www.wellingtonnz.com

ZIELE IN DER UMGEBUNG

KAPITI COAST (149 D4) (*H–J10*)

Der von Strand gesäumte Küstenabschnitt im Norden ist bevorzugtes Freizeitrevier der Wellingtonians und benannt nach der vorgelagerten Insel: Kapiti Island beheimatet als Naturschutzgebiet viele vom Aussterben bedrohte Vogelarten, Betreten ist nur mit Permit erlaubt, den das *DOC (Tel. 04 3 84 77 70 | www.doc.govt.nz)* in Wellington ausstellt. Wegen des großen Andrangs sind Buchungen 1–2 Monate im Voraus ratsam. Der Boottransfer ab Paraparaumu muss separat über das *Kapiti Marine Charter (Tel. 0800 43 37 79 | www.kapitimarinecharter.co.nz)* reserviert werden. Naturkundliche Führungen sowie einfache Unterkünfte bieten ortskundige Maori an *(Kapiti Island Nature Tours | Tel. 0800 52 74 84 | www.kapitiislandnaturetours.co.nz)*. Autonarren lässt Paraparaumu nur schwer los, denn im *Southward Car Museum (tgl. 9–17 Uhr | 15 NZ$ | am SH1 | Otaihanga Road)* gibt es um die 200 phantastische Oldtimer zu bewundern, darunter das Cadillac-Cabrio von Marlene Dietrich. *50 km nördl.*

MARTINBOROUGH (149 D5) (*J10*)

Das niedliche Dorf, 80 km östlich, ist Zentrum der Weinregion *Wairarapa*, die mit die besten, aber auch teuersten Tropfen des Lands abfüllt, z. B. *Ata Rangi (www.atarangi.co.nz)* oder *Schubert Wines (www.schubert.co.nz)*. Geführte *Wine Tours* ab Wellington, z. B. über *Tranzit (200 NZ$ | Tel. 0800 47 12 27 | www.tranzittours.co.nz)*, sind beliebt. Das *Martinborough Wine Centre (tgl. 10–17 Uhr | 6 Kitchener Street | Tel. 06 3 06 90 40 | www.martinboroughwinemerchants.com)* hat nicht nur viele Weine der Region vorrätig, sondern vermietet auch Fahrräder *(40 NZ$/Tag)* für Touren durch die Rebenfelder und zu den Winzern. Gleich neben dem öffentlichen Schwimmbad liegt der zweckmäßige, aber sehr ruhige *Martinborough-Campingplatz (10 Dublin Street/Princess Street | Tel. 0800 78 09 09 | www.martinboroughholidaypark.com | €)*, auch Hütten. Gastronomisch zu empfehlen ist neben dem anspruchsvollen *Peppers Parehua (ca. zehn Min. Fußweg vom Dorfzentrum entfernt | Tel. 06 3 06 84 05 | €€€)* das *Café Medici (tgl. 8.30–16, Do–Sa auch ab 18.30 Uhr | 9 Kitchener Street | Tel. 06 3 06 99 65 | www.cafemedici.co.nz | €€)*. Infos: *www.wairarapanz.com*

DIE SÜDINSEL

Eifrig wirbt die neuseeländische Tourismusindustrie mit den besonderen Reizen der Südinsel. Hier gibt es (fast) alles: Beeindruckende Hochgebirge mit schneebedeckten Gipfeln und Gletschern; herrliche Wanderstrecken durch grünen Busch; karge, von Schafen bevölkerte Hochplateaus; klare, riesige Seen; eine abwechslungsreiche Küste mit Stränden, von denen selbst Südseeinsulaner träumen.

Keiner wird Ihnen verübeln, wenn Sie sich verzaubern lassen und etwas mehr Zeit für die Süd- als für die Nordinsel einplanen. Schließlich ist der Süden mit 150 700 km² um etwa 20 Prozent größer als die Nordinsel. Zudem locken überall landschaftliche Kleinode, oft menschenleer.

AORAKI/ MOUNT COOK

(153 E1) (*🗺 D13*) **Die Maori nennen ihn „Aoraki" (oder „Aorangi"), „der Berg, der durch die Wolken stößt". Auf den Karten stehen sowohl Mount Cook als auch Aoraki.**

Er ist immer noch der höchste Berg Neuseelands, obwohl er 1991 beachtliche 14 Mio. m³ Felsen und Gletschereis lassen musste, als von seiner Bergspitze ganze 10 m abbrachen. Exakt 3724 m misst er nun. Aber da er seinen Gipfel ohnehin an rund 240 Tagen im Jahr in dichte Wol-

Bild: Lake Erskine im Fiordland National Park

Gärten, Gletscher, Gebirge: Auf der Südinsel hat sich die Natur als selten ideenreicher Landschaftsgärtner ausgetobt

ken hüllt, fällt der „neue" Gipfel wohl nur wenigen auf. Ob sich der 55-km-Ausflug vom SH 8 nach Mount Cook (Siedlung) über den gut ausgebauten SH 80 lohnt, hängt daher in erster Linie vom Wetter *(Auskunft Tel. 03 4351186 oder über Met-Service short.travel/neu6)*. Die kleine Siedlung Mount Cook bietet Ihnen, abgesehen natürlich von seiner Lage vor der Bergkulisse, nur einige abgeschieden gelegene, meist teure Unterkünfte. Es gibt als Alternative zwar einen Campingplatz, aber kaum Restaurants.

FREIZEIT & SPORT

GRAND TRAVERSE

In Lake Tekapo, Franz Josef und Glentanner starten ★ *Flüge (360 NZ$ | Tel. 03 6806880 | www.airsafaris.co.nz)* zur „Grand Traverse" um den Berg.

ÜBERNACHTEN

THE HERMITAGE

Das 4-Sterne-Hotel mit Panorama-Restaurant liegt am Fuß des Mt.

Hat das Zeug zu einem echten Sehnsuchtsort: der 710 m hoch gelegene Lake Tekapo

Cook. *104 Zi. | Tel. 03 4 35 18 09 | www.hermitage.co.nz | €€€*

MOUNT COOK YOUTH HOSTEL

Eine der wenigen preiswerten Unterkünfte. *70 Zi. | 1 Bowen Drive/Kitchener Drive | Tel. 03 4 35 18 20 | www.yha.co.nz | €*

AUSKUNFT

AORAKI MOUNT COOK NATIONAL PARK VISITOR CENTRE

Tel. 03 4 35 11 86 | www.mtcooknz.com

ZIELE IN DER UMGEBUNG

LAKE TEKAPO (153 E1) *(D13–14)*

Ein Panorama wie gemalt: Am türkisfarbenen Lake Tekapo liegt eine kleine, aus grobem Stein gebaute Kapelle *(Church of the Good Shepherd)*, im Hintergrund schneebedeckte Berge. Seine einmalige Farbe verdankt der See in 710 m Höhe feinstem Steinpuder, den Gebirgsbäche von den Gletschern ins Wasser schwemmen. Lake Tekapo ist Teil des Mackenzie Country, welliges Hügelland, das sich hervorragend für Ski- und Wandertouren eignet.

Die Region möchte von der Unesco zum ersten *Welt-Sterne-Kulturerbe* erklärt werden. Weil hier weder Luftverschmutzung noch städtische Beleuchtung den Blick in den nächtlichen Südhimmel stören. Deshalb lohnt auch das *Observatorium auf dem Mount John (ausgeschildert am SH 8 | Day Tour tgl. 12 und 15 Uhr | ca. 40 Min. | 20 NZ$; Mt. John Observatory Tour tgl. ab 20.30 Uhr | ca. 2 Std. | 145 NZ$ | Tel. 03 6 80 69 60 | www.earthandsky.co.nz)* einen Besuch. Eine nette Unterkunft in Lake Tekapo ist das von Schweizern geführte *The Chalet (6 Apts. | Tel. 0800 84 32 42 | www.thechalet.co.nz | €€–€€€)*. Auf den See blickt das *Scenic Resort (18 Zi. | am SH 8 | Tel. 03 6 80 68 08 | www.laketekapo.com | €€)*. Campen direkt am Ufer auf dem *Lake Tekapo Holiday Park (auch Hütten und Zimmer | 2 Lakeside Drive | Tel. 0800 85 38 53 | €)*. *125 km südl.* Info: *www.laketekapountouched.co.nz*

TASMAN GLACIER

(153 E1) (*D13*)
29 km Länge und bis zu 2 km Breite misst der eindrucksvolle Gletscher. Helikopterunternehmen bieten 13 km lange Skiabfahrten an. Die Fahrt zur Gletscherzunge führt mit dem Auto vom Ort Mount Cook aus Richtung Blue Lake (ca. 8 km). Vom Parkplatz bis zum Glacier Terminal geht man 20 Min. zu Fuß. *Alpine Guides (Juni–15. Okt., Ausrüstungsverleih | Heli-Ski ca. 995 NZ$/5 Abfahrten mit Führung/Flügen | Mount Cook | Tel. 03 4351834 | www.alpineguides.co.nz, www.wildernessheli.co.nz)*

CHRIST-CHURCH

KARTE IM HINTEREN UMSCHLAG
(151 D5) (*F13*) **Seit dem 22. Februar 2011 ist die Metropole der Südinsel (330 000 Ew.) eine völlig veränderte Stadt: Ein Erdbeben der Stärke 6,3 mit dem Epizentrum rund um Lyttelton und in nur 6 km Tiefe zerstörte Gebäude und Infrastruktur vor allem in den östlichen Stadtteilen. 185 Menschen fanden den Tod.**

Die Innenstadt rund um den zentralen *Cathedral Square* fiel während des Bebens förmlich in sich zusammen. Darunter viele historisch bedeutsame Bauten wie die *Christ Church Cathedral* von 1864, die ebenfalls in neugotischem Stil errichteten *Canterbury Provincial Government Buildings* und das *Arts Centre*, einst Christchurchs altehrwürdige Universität, später kultureller Treff mit vielen Ateliers, guter Gastronomie und einem beliebten Kunsthandwerker-Markt am Wochenende.

Was an Baudenkmälern noch zu retten ist und die Rekonstruktion lohnt, wird sich zeigen. Über 900 Gebäude sind schon abgerissen worden. Schade um

MARCO POLO HIGHLIGHTS

★ **Gletscherflüge**
Genießen Sie atemberaubende Ausblicke → S. 69, 81

★ **Akaroa**
Wo Neuseeland charmant seine französischen Wurzeln zeigt → S. 75

★ **Otago Peninsula**
Königsalbatrosse krönen jeden Besuch der Halbinsel → S. 80

★ **Abel Tasman National Park**
Traumstrände säumen den naturbelassenen Regenwald → S. 89

★ **Marlborough Wine Trail**
Durch die Rebenfelder um Blenheim → S. 92

★ **Kaikoura**
Vor der rauen Küste geben sich stattliche Wale ein Stelldichein → S. 92

★ **Queenstown**
Mit „Action and Fun" bringt der quirlige Ferienort seine Gäste auf Touren → S. 93

★ **Observation Point auf Stewart Island**
Das „Southern Cross" ist hier zum Greifen nah → S. 100

★ **Milford Sound**
Schöner geht es kaum: Dieser Fjord ist so etwas wie das Heiligtum unter Neuseelands Naturwundern → S. 104

WOHIN ZUERST?
Cathedral Square: Sind die Aufbauarbeiten nach dem Erdbeben von 2011 soweit gediehen, dass wieder Leben in der City herrscht, wird der Cathedral Square wohl erneut das Herz der Stadt bilden. Von hier erreichen Sie die (zurzeit eher wenigen) Attraktionen im Zentrum bequem zu Fuß. Die einzige Straßenbahnlinie (Tram) hat lediglich Sightseeing-Funktion. Busse *(Bus Interchange | Lichfield Street/Ecke Colombo Street)* fahren alle Stadtteile und den Flughafen an.

die einst behagliche, als Gartenstadt gerühmte Ansiedlung in der fruchtbaren Canterbury-Ebene mit Blick auf die im Westen aufragende Alpenkette und schönen Sandstränden im Osten. Mehr als zehn Jahre wird es sicherlich dauern, bis sich Optik und Infrastruktur von der Katastrophe einigermaßen erholt haben. Eindrücke von der Tragödie dokumentiert das *Quake City Museum (tgl. 10–17 Uhr | 99 Cashel Mall | www.canterburymuseum.com/quakecity)*. Informationen zum aktuellen Stand der Wiederaufbauarbeiten gibt es auf einer sogenannten *Rebuild Tour (tgl. 11.30 Uhr ab Canterbury Museum, Dauer 90 Min. | 29 NZ$ | Rolleston Av. | Reservierungen unter Tel. 0800 500929 | www.redbus.co.nz)* mit dem Bus oder auch unter *www.rebuildchristchurch.co.nz*, *www.ccc.govt.nz* und *www.cera.govt.nz*.

SEHENSWERTES

ART GALLERY

Der moderne Glasbau des Kunstmuseums hat die heftigen Erdstöße von 2011 erstaunlich gut überstanden und ist inzwischen wieder komplett geöffnet. Alte wie neue Meister sowie wechselnde Ausstellungen werden gezeigt. Es gibt auch einen originellen Museumsladen und ein Café-Restaurant mit Terrasse. *Do–Di 10–17, Mi 10–21 Uhr | Worcester Blvd. | www.christchurchartgallery.org.nz*

CANTERBURY MUSEUM

Hier hat man die Erdbebenschäden vergleichsweise schnell reparieren und die Sammlungen wieder öffnen können. Interessant in dem Mountfort-Bauwerk sind v. a. die Dokumentationen zur Maori-Kultur, der Saal zur Antarktisforschung von den Anfängen bis heute sowie die Nachbildung einer Straßenzeile des kolonialen Christchurch. *Tgl. 9–17.30 Uhr | Eintritt frei (Spende erwünscht) | Rolleston Av. | gegenüber dem Arts Centre | www.canterburymuseum.com*

CHRIST CHURCH CATHEDRAL

Die Kirche, 1864 gebaut, und beim Erdbeben 2011 schwer beschädigt, soll als „Memorial", als Gedenkstätte, zumindest mit ihren Grundmauern bestehen bleiben. Der *Cathedral Square* ist Mittelpunkt der Stadt und war im Sommer Treff für Gaukler, Touristen und *locals*.

CHRIST'S COLLEGE

Feinste Privatschule für Jungen, die als Schuluniform graue Nadelstreifenanzüge tragen. *Rolleston Av. | neben Canterbury Museum | unregelmäßige Führungen*

FERRYMEAD HERITAGE PARK

Weitläufiges Freilichtmuseum (Schwerpunkt Transport/Feuerwehr). Im Sommer und wochenends fahren hier alte Dampflokomotiven und Straßenbahnen. 1863 verkehrte Neuseelands erste Dampflok in Ferrymead. *Tgl. 10–16.30 Uhr | 20 NZ$ | 50 Ferrymead Park Drive | www.ferrymead.org.nz*

HAGLEY PARK

Durchqueren Sie die grüne Oase von Christchurch mit dem *Botanischen Garten* mittendrin in einem Ruderboot auf dem romantischen Avon River. INSIDER TIPP *Antigua Boat Sheds (tgl. 9–16.30 Uhr | Ruderboot 35 NZ$/Std. | 2 Cambridge Terrace | www.boatsheds.co.nz)* vermietet nicht nur Boote, sondern hat auch ein hübsches Terrassencafé.

INTERNATIONAL ANTARCTIC CENTRE ●

Ein paar Gehminuten vom Airport und 3800 km von der neuseeländischen *Scott Base* in der Antarktis entfernt. Eindrucksvolle Ausstellung über die Antarktis. *Tgl. 9–17.30 Uhr | ab 59 NZ$ | 38 Orchard Road | www.iceberg.co.nz*

ESSEN & TRINKEN

Nach und nach öffnen entlang der früheren kleinen Flaniermeile *Oxford Terrace* wieder Restaurants und Kneipen. Citynah finden Sie Lokale an der *Victoria Street* und *Papanui Road* (Ecke Bealey Avenue und weiter östlich in Merivale, Ecke Aikmans Road), an der *New Regent Street*, der *Lincoln Road* (nahe Moorhouse Avenue) sowie entlang der *Madras Street* und *Manchester Street* (begrenzt von St. Asaph Street und Moorhouse Avenue). Aktuelle Infos hat die i-Site.

INSIDER TIPP BEACH BAR

Tolle Terrasse am Strand, ideal für Frühstück, Mittagessen, Kaffee. *Mi–Fr ab 11, Sa/So ab 10 Uhr | 25 The Esplanade | Sumner | Tel. 03 3 26 72 26 |* €€

EINKAUFEN

RE:START

Souvenir- und Modeläden haben sich in Containern auf der einstigen Einkaufsmeile Cashel Mall niedergelassen, werden aber in naher Zukunft teilweise dem Wiederaufbau weichen müssen.

INSIDER TIPP THE TANNERY

Das einstige Gerbereigebäude im Stadtteil Woolston wurde im viktorianischen

Widerstand: Der Glasbau der Art Gallery verkraftete die Erdstöße leidlich

Stil restauriert und beherbergt nun das gute Restaurant *Gustav's (Tel. 03 3 89 55 44 | €€€)* und die Boutique-Brauerei *Cassells and Sons*. Außerdem finden Sie ein hochwertiges Angebot diverser (Feinkost-)Geschäfte und Modelabels. *3 Garlands Street | www.thetannery.co.nz*

ÜBERNACHTEN

Fast die Hälfte der Unterkünfte, vor allem jene im Zentrum von Christchurch, sind von dem Erdbeben betroffen (gewesen). Aktuelle Listen der geöffneten Hotels, Motels und Backpacker-Unterkünfte haben *www.christchurchnz.net*, *www.findchch.com*, *www.neatplaces.co.nz* unter Accommodation oder die Canterbury i-Site im Botanischen Garten.

CHRISTCHURCH TOP TEN HOLIDAY PARK

Sehr gepflegter Campervan-Platz mit Schwimmbad und guter Motel-Unterkunft. Nahe Northlands Shopping Centre. *39 Meadow Street | Papanui | Tel. 03 3 52 91 76*

SUMNER MOTEL

Mitten in Sumner, Christchurchs gemütlichem Seebad (20 Min. Fahrt, gute Busverbindungen) mit hübschen Cafés, tollem Sandstrand und 1,5 km langer Promenade. *12 Zi. | 26 Marriner Street | Tel. 03 3 26 59 69 | www.sumnermotel.co.nz | €€*

Die Hafeneinfahrt von Akaroa, gefühltes Frankreich *down under*, ziert ein kleiner Leuchtturm

AUSKUNFT

CANTERBURY I-SITE

Rolleston Av. | neben dem Canterbury Museum | Tel. 0800 42 37 83 | www.christchurchnz.com sowie im Flughafen. Weitere Infos unter *www.findchch.com*

Tipps vor allem zum Ausgehen, Einkaufen und Essengehen bringen *www.neatplaces.co.nz* und *www.cityscape-christchurch.co.nz*.

ZIELE IN DER UMGEBUNG

BANKS PENINSULA (151 D6) *(G13)*
Noch heute schlägt das Städtchen ★ *Akaroa* mit französischen Straßenschildern und dem historischen *Langlois-Eteveneaux-Haus (tgl. 10–16.30 Uhr | 8 NZ$ | Rue Lavaud | Balguerie)* touristischen Nutzen daraus, dass hier die Franzosen am 11. Februar 1840 versuchten, Neuseeland ihrem Kolonialreich einzuverleiben. Aber da galt bereits seit 5 Tagen der Vertrag von Waitangi zwischen Engländern und Maori. In der geschützten natürlichen Hafenbucht wimmelt es nur so von Meerestieren. *Black Cat Cruises (Wainui Main Road | Tel. 03 3 04 76 41 | www.blackcat.co.nz)* lässt Sie dort INSIDER TIPP mit Delfinen schwimmen. Sehr schöne Badestrände gibt es in der Okains Bay, Hotels und Restaurants im Ort sowie zwei Weingüter 6–8 km westlich der Stadt. *Akaroa i-Site (74a Rue Lavaud | Tel. 03 3 04 77 84 | www.akaroa.com). 82 km südöstlich*

HANMER SPRINGS (151 D4) *(G12)*
Etwas verschlafenes, aber charmantes Heilbad. Die modernen, heißen *Thermal Pools (tgl. 10–21 Uhr | 22 NZ$ | www.hanmersprings.co.nz)* mit 38 Grad sind eine Erlebnislandschaft. Als komfortable Unterkunft in Gehweite mit Restaurant und kleinem Park empfiehlt sich *Heritage Hanmer Springs (70 Zi. | Tel. www.heritagehotels.co.nz | €€). 135 km nördl.*

LYTTELTON HARBOUR
(151 D5) *(F13)*
Wichtigster Hafen der Südinsel und wirtschaftliches Rückgrat sowie Standort einer russischen Fischfangflotte und Ausgangspunkt diverser großer Antarktisexpeditionen. Punkt 13 Uhr, seit 1876, hat hier die *Timeball Station,* eine Art Burgfeste oberhalb des Hafens, den Schiffsbesatzungen angezeigt, was die Stunde schlägt – bis sie vom Erdbeben im Februar 2011 zerstört wurde, ebenso wie der größte Teil der historischen Bausubstanz rund um die London Street. Der *Farmers Markt* jeden Samstagvormittag mit Produkten von Bauern aus der Umgebung ist sehr populär, inklusive eines *Flohmarkts*. Wenige Kilometer entfernt, in der Governors Bay, kreiert INSIDER TIPP *She Chocolate (tgl. 10–17 Uhr | 79 Main Road | Tel. 03 3 29 98 25 | €€)* Pralinen und tischt auf der Sonnenterrasse lecker Frühstück und Brunch auf. Weitere Infos unter *www.lytteltonharbour.info. 5 km östlich*

SUMMIT ROAD (151 D5) *(F13)*
Sehr reizvolle Halbtagestour über die *Port Hills,* die den Hafen Lyttelton von Christchurch trennen. Über diese Hügel mussten 1850 die ersten Siedler mühsam ihr Hab und Gut schleppen. Man fährt durch den Stadtteil Cashmere bis zum *Sign of the Kiwi,* dann über die Summit Road (unterhalb der Gondolastation) und die Evans Pass Road über den hübschen Badeort Sumner und New Brighton zurück; die während des Erdbebens 2011 schwer beschädigte Strecke ist wieder komplett zu befahren. Eine wunderbare Aussicht genießt, wer mit der Seilbahn *Christchurch Gondola (tgl. ab 10 Uhr bis spätabends | am SH 74 zum Straßentunnel nach Lyttelton, beschildert | www.gondola.co.nz)* auf die 446 m hohen Port Hills fährt. Spektakulär und nicht schwierig ist die Summit Road per Mountainbike zu bewältigen. *The Mountain Bike Adventure Co (www.cyclehiretours.co.nz)* zeigt Wege abseits des Asphalts. *4 km östlich*

TRANZALPINE EXPRESS
Auf der 4,5-stündigen Fahrt von Christchurch *(Bahnhof in Addington | Clarence*

Street | Abfahrt 8.15, zurück in Christchurch 18 Uhr) nach Greymouth **(150 B4)** *(🕮 E12)* an der Westküste durchquert der Zug den landschaftlich traumhaften *Arthur's Pass. Ca. 209 NZ$ einfache Fahrt | rechtzeitig reservieren, in Neuseeland preiswerter | deutschsprachiges Audioprogramm | Tel. 0800 87 24 67 | www.kiwirailscenic.co.nz*

DUNEDIN

KARTE IM HINTEREN UMSCHLAG (153 E4) *(🕮 D16)* **Ein echtes Stück Schottland am anderen Ende der Welt. Im Jahr 1848 von schottischen Einwanderern gegründet, gaben sie Ihrer neuen Ansiedlung down under den alten gälischen Namen für Edinburgh: Dunedin (sprich Daniedin).**

„It's all right here", verkünden Dunedins Touristiker und vergleichen sich in einem Atemzug mit Köln und Cornwall, mit Kalifornien und Cambridge. Sicher ist: Dunedin (120 000 Ew.) ist die größte Stadt Otagos, der Region zwischen Küste und Queenstown.

Den im 19. Jh. durch den Goldrausch erlangten Wohlstand demonstrieren die prachtvollen Bauten im viktorianischen Stil. Platznot in der hügeligen Landschaft zwang die Einwohner, ihre Häuser auch an Hängen zu errichten – für Neuseeland im letzten Drittel des 19. Jhs. eine ungewöhnliche städteplanerische Entscheidung. Der wirtschaftliche Erfolg schien sich fortzusetzen, als 1882 das erste Kühlschiff den Hafen Port Chalmers mit Gefrierfleisch verließ. Den Ausbau des lukrativen Fleischexports riss Christchurch an sich. Dafür kann Dunedin stolz behaupten, Geburtsstadt Thomas Brackens zu sein. Er schrieb „God Defend New Zealand", den Text der neuseeländischen Nationalhymne.

CITY **WOHIN ZUERST?**

Octagon: Vom Octagon, dem zentralen Platz, gehen die Straßen sternförmig in alle Richtungen ab. Auch die George Street, Hauptverkehrsader der Stadt, verläuft hier – im nördlichen Abschnitt als Einkaufsmeile, die fast bis zur Universität reicht. Die wichtigsten Sehenswürdigkeiten liegen fußläufig im nahen Umkreis. Für den Ausflug auf die benachbarte Otago Peninsula brauchen Sie einen fahrbaren Untersatz, auch ein Fahrrad tut's.

SEHENSWERTES

BAHNHOF

Heute startet nur noch die *Taieri Gorge Railway* (s. S. 78, 117) 1- bis 2-mal tgl. in diesem Bahnhof. Das tut dem Fußboden mit Bildmotiven aus 725 760 Mosaiksteinchen nur gut. Der 1907 im flämischen Renaissancestil errichtete Bau brachte dem Architekten George A. Troup den Spitznamen *Gingerbread George* ein – wegen der an Pfefferkuchen erinnernden Fassade. *Anzac Av.*

BALDWIN STREET

35 Prozent Gefälle – das steht im Guinness Book of Records als Weltrekord für die nur 350 m lange Wohnstrasse. Die Anwohner sind ein wenig genervt von motorisierten Touristen – aber staunende Fußgänger sind gerne gesehen.

OLVESTON HOUSE

Das Haus der Familie Theomin (1906) ist fast überladen mit interessanten Kleinigkeiten und wertvollem Geschirr aus Delft. Schöner Einblick in die gehobene Wohnkultur um die vorletzte Jahrhundertwende. *Tgl. 6 Führungen (ca. 1 Std., vorher bu-*

chen) | 19 NZ$ | 42 Royal Terrace | Tel. 0800 10 08 80 | www.olveston.co.nz

INSIDER TIPP OTAGO MUSEUM

Ausgezeichnete Ausstellung über Leben und Kultur im Southland: „Southern Land – Southern People". *Tgl. 10–17 Uhr, Führung tgl. 14 Uhr (2 NZ$) | Eintritt frei bzw. gegen Spende | 419 Great King Street | www.otagomuseum.nz*

UNIVERSITY OF OTAGO

20 000 Studenten besuchen die älteste, renommierteste Uni Neuseelands – zehn Prozent der Einwohner Dunedins. Ein Rundgang über den Campus zeigt die neugotische Architektur des Clock Tower. *364 Leith Walk*

WALK THE CITY

35 historische Gebäude der *City of Grace and Grandeur* werden in einem Leitfaden für eine interessante Stadtbesichtigung beschrieben *(erhältlich in der i-Site)*. Ausgangspunkt ist das *Octagon*, ein achteckiger Platz, an dem sich die Straßen aus allen Himmelsrichtungen treffen.

ESSEN & TRINKEN

Gute Kneipen und Restaurants gibt es am *Octagon*, am nahen *Moray Place* und der *George Street* (ab Octagon). Am schönen INSIDER TIPP *St. Clair Beach* empfiehlt sich das *Esplanade Restaurant (mediterrane Küche | 250 Forbury Road | Tel. 03 4 56 25 44 | €€)* für Lunch und Dinner.

BACCHUS WINE BAR

Gute Weine, leichte und einfallsreiche Karte. *Mo–Sa Lunch/Dinner | 12 The Octagon | Tel. 03 4 74 08 24 | €€*

MAZAGRAN ESPRESSO BAR

Kehren Sie hier ein für das besondere Kaffee-Erlebnis mit dem herrlichen Aroma frisch gemahlener Bohnen in der Luft. *36 Moray Place*

Dunedins prachtvolle Bauten verdanken ihre Entstehung dem Goldrausch des 19. Jhs.

Uralte Gesellen: 4 Mio. Jahre haben die Moeraki Boulders auf ihren bis 4 m breiten Buckeln

FREIZEIT & SPORT

TAIERI GORGE RAILWAY

Wenn Sie eine besondere Fahrt von Dunedin bis Queenstown (152 C3) (*🕮 C15*) machen wollen: Die zweistündige Eisenbahnfahrt in den nostalgischen Waggons der Taieri Gorge Railway führt durch die saftig-grüne Landschaft Otagos und mächtige Schluchten nach Pukerangi, dann weiter etwa fünf Stunden mit dem Bus *(Okt.–März tgl. 9.30 Uhr | 195 NZ$, nur Zugfahrt hin und zurück, ca. 4 Std., 91 NZ$ | Tel. 03 4774449 | www.dunedinrailways.co.nz)*.

ÜBERNACHTEN

HOGWARTZ

In der ehemaligen Bischofsresidenz (1871) fühlen sich heute vor allem junge Leute in den schlicht möblierten Räumen – einige mit Blick zum Hafen – wohl. Mehrbett-, aber auch Doppelzimmer (z. B. im Old Coach House). *10 Zi. | 277 Rattray Street | Tel. 03 4741487 | www.hogwartz.co.nz | €*

MOTEL ON YORK

Sehr gepflegte Zimmer, nahe am Octagon und der George Street (Restaurants). *23 Zi. | 47 York Place | Tel. 03 4776120 | www.motelonyork.co.nz | €€*

AUSKUNFT

DEPARTMENT OF CONSERVATION

Interessierte erhalten eine Broschüre über den *Otago Goldfields Heritage Highway (www.goldfieldstrust.org.nz). 77 Lower Stuart Street | Tel. 03 4770677*

DUNEDIN I-SITE

50 The Octagon | Tel. 03 4743300 | www.dunedinnz.com | www.dunedin.govt.nz

ZIELE IN DER UMGEBUNG

INSIDER TIPP CATLINS
(152–153 C–D5) (*C–D 16–17*)
Wildes Buschland, idyllische Wasserfälle und einsame Buchten – die Catlins zwischen Invercargill und Balclutha gehören noch zu den echten Geheimtipps Neuseelands. Besondere Attraktion ist der *Jurassic Petrified Forest*, ein versteinerter, 170 Mio. Jahre alter Wald in der Curio Bay, der bei Ebbe im Wasser zum Vorschein kommt. In der Nähe können Sie Robben, Seelöwen und Gelbaugenpinguine *(yellow eyed penguins)* beobachten. Idealer, aber einfach ausgestatteter Übernachtungsplatz ist der ca. 100 m entfernte *Curio Bay Camping Ground (Tel. 03 2 46 88 97 | €)*. Die Broschüre *Southern Scenic Route* beschreibt die Tour und gibt's in der i-Site in Dunedin *(www.catlins.org.nz)*. Mehrtägige Touren und Unterkunft organisieren *Catlins Wildlife Trackers (Tel. 03 4 15 86 13 | www.catlins-ecotours.co.nz)* in Papatowai. Ins Auge sticht hier ein ausrangiertes Wohnmobil, Herzstück der *Lost Gypsie Gallery (Do–Di 10–17 Uhr | Eintritt frei | Tel. 03 4 15 89 08 | www.thelostgypsy.com)*, in der Blair Sommerville seine genial exzentrischen Objekte ausstellt. Mitten in der Natur, zwischen Meer und Regenwald, finden Selbstversorger das *Southern Secret Motel (4 Apts. | 2510 Papatowai Highway | Tel. 03 4 15 86 00 | €€)*. Im Norden der Catlins, nahe dem exponierten *Nugget-Leuchtturm*, bietet die *Nugget Lodge (367 The Nuggets Road | Tel. 03 4 12 87 83 | www.nuggetlodge.co.nz | €€)* zwei Apartments mit Blick auf den Ozean und famose Sonnenaufgänge. *120 km südl.*

MOERAKI BOULDERS (153 F3) (*E15*)
80 km nördlich von Dunedin, am SH 1, liegen am Strand riesige Steinkugeln, deren Umfang bis zu 4 m beträgt. Geologen zufolge sind diese „Gesteinsblasen" aus feinen Kristallen vor über 4 Mio. Jahren durch vulkanische Aktivität entstanden. Ein Café liegt oberhalb des Strands. Nicht verpassen: Etwa 1 km entfernt, in *Moeraki* am alten Jetty, gibt es mit dem urigen **INSIDER TIPP** *Fleur's Place (Mi–So ab 10.30 Uhr | Tel. 03 4 39 44 80 | www.fleursplace.com | €€)* ein tolles Fischrestaurant mit eigener Räucherei. Probieren Sie *Muttonbird* (Sturmtaucher), eine Delikatesse der Maori. Ein *Campingplatz (Tel. 03 4 39 47 59 | www.moerakivillageholidaypark.co.nz | €)* mit preiswerten *cabins* ist in Sichtweite.

OAMARU (153 F3) (*E15*)
Die vielen stattlichen Gebäude aus strahlend weißem Kalkstein zeugen von einstigem Wohlstand, als vom hiesigen Seehafen aus Gefrierfleisch in die ganze Welt exportiert wurde. Jetzt liegt Patina auf der Stadt 115 km nördlich von Dunedin, die überbreite Hauptstraße wirkt leer, die Hafenanlagen sind verwaist. Nur in die alten Lager- und Geschäftshäuser ist wieder Leben eingekehrt: Im **INSIDER TIPP** *Harbour & Tyne Historic Precinct (www.victorianoamaru.co.nz)* haben sich ungewöhnliche Kunstgalerien, wie z. B. *Steam Punk (www.steampunkoamaru.co.nz)*, ein Automuseum, originelle Kramläden sowie eigenwillige Gastronomie eingerichtet. So lässt die *NZ Malt Whiskey Company (tgl. 10.30–16.30 Uhr | 16 Harbour Street | Tel. 03 4 34 88 42 | www.thenzwhisky.com)* Hochprozentiges verkosten.
Nicht weit entfernt gewährt eine *Kolonie von Zwergpinguinen (Little Blue Penguins) (tgl. ab 9 Uhr | 16 NZ$ | Visitor Centre | 2 Waterfront Road | www.penguins.co.nz)* Einblicke in ihr Alltagsleben. Am besten schauen Sie in der Dämmerung vorbei, wenn die Tiere zurück aus dem

Wasser kommen. Empfehlenswert ist das Sushi-Restaurant *Midori (Mo–Mi 10.30–20.30, Do/Fr 10.30–21, Sa 11–21, So 12–20.30 Uhr | 1 Ribble Street | Tel. 03 4349045 | €–€€)*. Gute Broschüren wie *Arts and Crafts Trail* und *Explore Historic Oamaru* gibt es beim *Information Centre/i-Site (1 Thames Street | Tel. 03 4341656 | www.visitoamaru.co.nz)*.

OTAGO PENINSULA ★

(153 E4) (*E16*)

Zumindest einen Tag sollten Sie für die bezaubernde Halbinsel bei Dunedin mit der sanft geschwungenen Parklandschaft einkalkulieren. In Otakou (die Europäer wandelten den Namen in Otago ab) begann die Besiedlung der Halbinsel durch die Maori. Die schmale Straße, die sich 60 km an der Küste der Halbinsel entlangwindet, endet am *Taiaroa Head* an der einzigen ● *Festlandkolonie von Albatrossen (tgl. ab 11.30 Uhr bis zur Dämmerung, im Winter ab 10.30 Uhr | 45 NZ$ | Tel. 03 4780499 | www.albatross.org.nz)*. Hier fühlen sich auch Robben, Pinguine und Kormorane wohl. In der Albatroskolonie können Sie mit etwas Glück und einem Fernglas die Vogelpaare zwischen November und Januar beim Brüten beobachten. Im Januar und Februar schlüpfen die Küken, die 100 Tage von den Eltern im Nest gefüttert werden. Was man als Besucher in der Kolonie der mächtigen, bis zu 8 kg schweren Seevögel mit einer Flügelspannweite von ca. 3,5 m nicht sehen kann, zeigt das Infozentrum in einem Videofilm.

Gegenüber dem Infozentrum führt ein Weg zum *Natures Wonders Otago (Tel. 0800 246446 | www.natureswonders.co.nz)*. Mit kleinen Allradautos werden Sie zu Stränden mit Pinguinen und Robben gebracht. Howard McGrouther ist mit seinem *Penguin Place (tgl. bis zu zehn 90-min. Führungen | 52 NZ$ | Tel. 03 4780286 | www.penguinplace.co.nz)* eine Alternative und zeigt Ihnen die Gelbaugenpinguine aus nächster Nähe. Weil sich die Besucher durch enge, von Netzen überspannte Tunnel zwängen, werden sie von den scheuen Tieren nicht bemerkt. Die beste Zeit für die Pinguinbeobachtung ist übrigens am späten Nachmittag *(letzte Führung ca. 90 Min. vor Sonnenuntergang)*.

Larnach Castle (tgl. 9–17 Uhr | 28 NZ$ | www.larnachcastle.co.nz), Neuseelands einziges Schloss, ist ein schön restauriertes, imposant-düsteres Gebäude, das zwischen 1873 und 1886 mit Baustoffen auch aus Italien und Schottland der Bankier William Larnach aufwendig bauen ließ. Der ehemalige Schafstall des Castle fungiert heute als Ballsaal. Wohnen kann man neben dem Schloss in der *Larnach Castle Lodge (Tel. 03 4761616 | www.larnachcastle.co.nz)*, dinieren in dessen feinem Speisesaal nur als Hotelgast. Einen kleinen, in der Hauptsaison gut besuchten *Campingplatz (Tel. 0800 767867 | www.portobellopark.co.nz)* gibt es in Portobello. Allgemeine Infos zur Halbinsel über *www.otagopeninsula.co.nz*

FRANZ JOSEF

(150 A5) (*D13*) **Das kleine Dorf an der West Coast (am SH 6) wurde vom Geologen Julius von Haast nach dem damaligen österreichischen Kaiser Franz Josef benannt.**

Es bietet Übernachtungsmöglichkeiten, die schnell ausgebucht sind (v. a. Nov.–März), ist aber ein guter Startpunkt zur Besichtigung des *Franz-Josef-Gletschers*. Am Gletscherterminal *(13 km außerhalb)* gibt es eine gute Informationstafel, die über Geschichte und Ausdehnung des Gletschers Auskunft gibt. Der zurzeit

Eine Gletscherwanderung führt in die faszinierende Welt des Fox Glacier

ca. 11 km lange Gletscher nimmt in seiner Länge mal ab, mal zu. Vom Parkplatz aus dauert der Fußmarsch zum Eis deshalb auch mal länger, mal kürzer (aber nicht unter 1 Stunde).

SEHENSWERTES

WEST COAST WILDLIFE CENTRE

Die Aufzuchtstation bemüht sich um die seltenste, nur hier in der Gegend vorkommende Kiwi-Art, *Rowi* genannt. Allenfalls noch 400 dieser Vögel leben in Freiheit. Nur wer den *Backstage Kiwi Pass (55 NZ$)* erwirbt, kann an einer Führung (11, 12.30, 14.30, 16 Uhr) durch die Brutstätten teilnehmen. Für alle Besucher gibt es ein Café mit Bäckerei, Ecke Cowan/Cron Street. *Tgl. 9–20 Uhr | Tel. 03 7 52 06 00 | www.wildkiwi.co.nz*

FREIZEIT & SPORT

GLETSCHERFLÜGE ★

Je nach Wetterlage werden Gletscherwanderungen in Kombination mit einem Helikopterflug angeboten, z. B. von *Heli-hikes (ca. 425 NZ$ für 4 Std. | Tel. 0800 80 77 67 | www.helicopter.co.nz/heli-hike)*. Ein Unternehmen fliegt mit dem Flugzeug hin *(zwischen 250 und 380 NZ$, manchmal günstige Stand-by-Tarife | Tel. 0800 80 07 02 | www.mtcookskiplanes.com)*. Wichtiger Unterschied: Nach der Landung auf dem Gletscher stellt der Flugzeugpilot den Motor seiner Maschine ab, der Hubschrauberpilot lässt ihn laufen – was in der grandiosen Umgebung störend ist. An schönen Tagen ist es auch in Franz Josef mit der Ruhe vorbei, wenn beinahe im Minutentakt die Hubschrauber nahe der Ortsmitte starten. Beliebteste Tour: *Twin Glacier mit Landung (ca. 30 Min. inkl. 10 Min. auf dem Eis | ca. 300 NZ$ | Glacier Helicopters | Tel. 0800 80 07 32 | www.glacierhelicopters.co.nz)*. Weitere Rundflüge übers Alpenmassiv starten in *Lake Tekapo* (s. S. 70) und in *Fox Glacier* (s. S. 82).

GLACIER HOT POOLS

Die in dichtes Grün platzierte Badelandschaft wird Ihnen nicht nur nach einer frostigen Gletscherwanderung guttun:

Hier können Sie in den unterschiedlich warmen Becken liegen und sich massieren lassen. *Tgl. 12–22 Uhr | Cron Street | Tel. 0800 044044 | ab 26 NZ$ | www.glacierhotpools.co.nz*

ÜBERNACHTEN

RAINFOREST HOLIDAY PARK

Weitaus preiswerter als im Retreat übernachtet man natürlich auf dem Campingplatz gegenüber. *46 Cron Street | gegenüber den Hot Pools | Tel. 03 7520220 | www.rainforestholidaypark.co.nz | €*

TE WAONUI FOREST RETREAT

Das noble Hotel fügt sich optimal in die Naturkulisse ein. Bettwäsche aus organischer Baumwolle und recycelte Baustoffe machen Öko-Fans glücklich, Gourmets schmeckt's zwischen Bäumen im Restaurant *The Canopy*. *100 Zi. | 3 Wallace Street | Tel. 0800 696963 | www.scenichotelgroup.co.nz | €€€*

AUSKUNFT

WESTLAND NATIONAL PARK HEADQUARTERS

Sehr gute Rangerstation mit aufwendigen Displays über die 60 Gletscher des Westland National Parks und den Regenwald. *Tel. 03 7520796 | www.glaciercountry.co.nz*

ZIELE IN DER UMGEBUNG

FOX GLACIER (150 A5) *(D13)*

Etwas kleinerer Gletscher, 25 km von Franz Josef entfernt. Auch hier starten, je nach Wetterlage, Rundflüge. *(www.foxguides.co.nz)*

HAAST PASS (153 D1–2) *(C14)*

Benannt nach dem deutschen Geologen und Naturforscher Julius von Haast (1822–87). Der niedrige Pass trennt die raue, regnerische Westküste vom milden Central Otago. Der Bau der Straße – ein alter Maori-Pfad – dauerte über 10 Jahre. *South Westland World Heritage Visitor Centre (SH 6 | Haast | Tel. 03 7500809 | www.doc.govt.nz). 140 km südl.*

LAKE MATHESON (150 A5) *(D13)*

Wer bei klarem Wetter früh (!) am Morgen zum See fährt und dann die 30 Minuten bis zum Aussichtspunkt *View of Views* wandert, wird tatsächlich mit dem überragenden Blick auf den Lake Matheson und die sich darin spiegelnden Alpengipfel belohnt. *32 km südwestl.*

LAKE MOERAKI (153 D1) *(C13)*

Ausflüge zu Pinguinkolonien und Wanderungen durch das größte geschützte Regenwaldgebiet Neuseelands am Lake Moeraki leiten erfahrene Guides der *Lake Moeraki Wilderness Lodge (SH 6 | Tel. 03*

750 08 81 | www.wildernesslodge.co.nz | €€–€€€). 100 km südl.

LAKE PARINGA (153 D1) (*🕮 C13*)
Auf halbem Weg zwischen Fox Glacier und Haast Pass können Sie bei *South Westland Salmon (SH6 | Lake Paringa | www.salmonfarm.co.nz)* INSIDER TIPP phantastischen Lachs kaufen – frisch oder geräuchert. *80 km südl.*

INSIDER TIPP OKARITO
(150 A5) (*🕮 D13*)
Das Dörfchen mit einer Handvoll Häuser liegt auf der Landzunge einer Lagune und wird begrenzt von der rauen Tasman Sea aud der einen Seite, dichtem Regenwald und den oft schneebedeckten Bergen der Südalpen auf der anderen. Gut 30 Menschen leben in der ehemaligen Goldgräbersiedlung, u. a. bis 2014 die bekannte neuseeländische Schriftstellerin Keri Hulme („Unter dem Tagmond"). Besucher aber kommen täglich zu Hunderten, bewundern den wilden, mit Treibholz übersäten Strandabschnitt oder beobachten zwischen Okarito und dem 30 km entfernten Franz Josef *Brown Kiwis (Touren nach Sonnenuntergang: www.okaritokiwitours.co.nz)*.
Auf einer Bootstour in der Lagune lässt sich der *Great White Heron (Kotuku)* blicken, eine seltene Reiher-Art *(www.okarito.co.nz)*. Weit über die Landesgrenzen Neuseelands hinaus bekannt ist das urige Hostel im historischen *Okarito Schoolhouse (im Winter geschl. | www.okarito.net | €)* mit 12 Betten gegenüber dem Campingplatz von Okarito.

GREYMOUTH

(150 B4) (*🕮 E12*) **Greymouth ist das wirtschaftliche Zentrum (8000 Ew.) der 500 km langen West Coast, die sich von Norden bei Westport bis zum Haast Pass im Süden entlangzieht.**

View of the views – wenn sich Mount Tasman und Mount Cook im Lake Matheson spiegeln

Dazwischen nagt die aufgewühlte Tasman Sea an der Küstenebene, die landeinwärts von Steilwänden eingeengt wird und nirgendwo breiter als 50 km ist. Gletscher und Urwald – wo sonst auf der Welt gibt es einen solchen Kontrast so dicht beieinander? Das Gebiet ist geprägt von lang anhaltenden Regengüssen. Autofahrer müssen vorsichtig sein: Es gibt noch einspurige Brücken, und schnell wird die feuchte Straße im Regenwald zur Rutschbahn. Aber in dieser Region haben die Bewohner viel Zeit: Drei Tage für die Fahrt entlang der wunderbaren Küste mit Aufenthalten in Greymouth, Hokitika und Franz Josef sollten Sie einplanen. Greymouth ist auch Ziel des TranzAlpine Express, der mittags zurück nach Christchurch fährt.

SEHENSWERTES

SHANTYTOWN

Sehr gutes Freilichtmuseum mit möblierten Häusern aus der Goldgräberzeit. Der Unterricht im Goldwaschen *(33 NZ$)* zahlt sich mit Glück durch einen „Goldfund" aus. *Tgl. 8.30–17 Uhr | ca. 8 km südlich von Greymouth, ausgeschildert*

ESSEN & TRINKEN

Probieren Sie doch mal ein *local beer*, das auch in ganz Neuseeland sehr beliebt ist: *Monteiths (Herbert Street/Turumaha Street | www.monteiths.co.nz)*. Die Brauerei können Sie auch besichtigen *(tgl. 10.30, 15, 16.30, 18 Uhr)*.

EINKAUFEN

IAN BOUSTRIDGE

Ian Boustridge bearbeitet den neuseeländischen *greenstone (Pounamu)* mit einer unvergleichlichen Kunstfertigkeit und lässt sich dabei von traditionellen Maori-Motiven inspirieren. Über die Schulter können Sie ihm – nach telefonischer Voranmeldung – in seinem Studio südlich von Greymouth schauen. *Paroa |*

Freilichtmuseum Shantytown: schürfen, shoppen und ausgehen wie einst die Goldgräber

Unit 7 | 56 Jacks Road | Tel. 03 768 60 48 | www.ianboustridge.com

AUSKUNFT

GREYMOUTH I-SITE

1 Mackay Street/Herbert Street | Tel. 03 768 51 01 | Hotelbuchungen über Greymouth Information Centre | www.westcoast.co.nz

ZIELE IN DER UMGEBUNG

ARTHUR'S PASS
(150 C4–5) *(E–F12)*

Traumhafte Strecke durch den gleichnamigen Nationalpark und über die Alpen, am 2400 m hohen Mount Murchison vorbei über den SH 73 nach Christchurch. Infos über *www.arthurspass.com. 256 km, 4 Std. mit dem Auto*

PUNAKAIKI (150 B–C3) *(E11)*

Rund 30 Mio. Jahre alte Erosionslandschaft im Paparoa National Park, deren Felsen an aufeinander gestapelte Pfannkuchen erinnern – daher *Pancake Rocks*, ausgehöhlt durch die starke Brandung. Tipp: Ab 16.30 Uhr haben Sie die grandiose Kulisse fast für sich.

In dem kleinen Ort Punakaiki am SH 6 gibt es einen ausgezeichneten *Craft Shop (tgl. 9–19 Uhr)* mit Kunsthandwerk, außerdem ein *Visitor Centre (www.punakaiki.co.nz)* mit interessanten Displays sowie einen guten *Campingplatz (Tel. 03 731 18 94 | www.punakaikibeachcamp.co.nz)* gleich neben einem gemütlichen Pub-Restaurant im Blockhausstil. *70 km nördl.*

REEFTON (150 C3) *(F11)*

In der Stadt, in der 1888 die erste elektrische Straßenlaterne der südlichen Hemisphäre brannte, wurde früher Gold abgebaut, anschaulich gemacht im *Black's Point Museum (Mi–Fr, So 9–12 u. 13–16, Sa 13–16 Uhr | 5 NZ$)*. Auskunft: *www.reefton.co.nz. 80 km nordöstl.*

WESTPORT (150 C3) *(E11)*

Interessant an der sonst recht tristen Stadt ist das *Coaltown Museum (Dez.–März tgl. 9–17, April–Okt. Mo–Fr 9–16.30, Sa/So 10–16 Uhr | 10 NZ$ | 123 Palmerston Road | www.coaltown.co.nz)* mit Soundeffekten in einer alten Brauerei. Angeschlossen ist die *Westport i-Site (buller.co.nz)*. In der 12 km entfernten *Tauranga Bay* hat sich eine (für Menschen) leicht erreichbare Robbenkolonie *(Aussichtsplattform an der Tauranga Bay Road, Abzweigung am SH 6 nördl. von Westport oder über SH 67A ab Westport)* angesiedelt.

In der Nähe der Kolonie liegt das angenehme INSIDER TIPP *Bay House Café (Do–Sa 11.30–16 und 17.30–21, So 11.30–16 Uhr | Tauranga Bay | Tel. 03 789 41 51 | www.bayhouse.co.nz | €€–€€€)*. Weitere 90 km nördlich verwöhnt subtropisches Mikroklima die verträumte Ortschaft *Karamea,* wie geschaffen, um total zu relaxen, vielleicht die ein oder andere märchenhafte Karsthöhle besichtigen, z. B. *Honeycomb Hill Caves & Arch,* zugänglich nur im Rahmen einer geführten, fünfstündigen Tour über *Oparara Guided Tours (150 NZ$ | Tel. 03 782 66 52 | www.oparara.co.nz). 85 km nördl.*

HOKITIKA

(150 B4) *(E12)* **Die frühere Provinzhauptstadt Hokitika hat sich als beliebtes Einkaufszentrum zu einem wichtigen touristischen Ort entwickelt.**

Berühmter Sohn der Stadt ist Richard Seddon, der die erste Altersversorgung im Land einrichtete. Ein Denkmal auf der Sewell Street erinnert an den Politiker. Jedes Jahr Anfang März findet in Hokitika das *Wildfoods Festival (www.wildfoods.co.nz)* statt.

ESSEN & TRINKEN

STELLA CAFÉ

Leckerei Kleinigkeiten (Quiche, Kuchen und Käse), im Sommer auch abends geöffnet. *84 Revell Street | Tel. 03 7 55 54 32* | €–€€

EINKAUFEN

Die meisten Läden, in denen z. B. Spielzeug aus Rimu-Holz, Goldschmuck und Glas angeboten wird, liegen an der Tancred Street und haben täglich geöffnet. Originelle ● Jadestücke finden Sie bei *Tectonic Jade (67 Revell Street)*, *Waewae Pounamu (39 Weld Street)* und in der *Craft Gallery (25 Tancred Street)*.

INSIDER TIPP Ihr eigenes Schmuckstück (taonga) aus Jade, Knochen oder *Paua* fertigen Sie unter fachkundiger Leitung bei *Bonz 'n' Stonz (16 Hamilton Street | Tel. 03 7 55 65 04 | www.bonz-n-stonz.co.nz)*. Die Kurse dauern drei bis sechs Stunden und kosten zwischen 85 und 180 NZ$.

ÜBERNACHTEN

BEACHFRONT HOTEL

Mitten im Zentrum Hokitikas gelegen sind es von diesem Hotel bis zum rauen Westküstenstrand mit den fantasievollen Treibholz-Skulpturen nur ein paar Meter. Zimmer mit Meerblick. *68 Zi. | 111 Revell Street | Tel. 03 7 55 83 44 | www.beachfronthotel.co.nz* | €€

IM TOLKIEN-LAND

Seit der Premiere der in Neuseeland gedrehten Film-Trilogien „Herr der Ringe" und „Der Hobbit" nach J. R. R. Tolkien – Regie führte der Neuseeländer Peter Jackson – hat ein regelrechter „Mittelerde-Tourismus" eingesetzt.

Vor allem auf der Südinsel kann man sich von der einmaligen Landschaftskulisse des Fantasy-Epos verzaubern lassen: z. B. in Arrowtown, wo das Flussbett des Arrow River als die Lautwasserfurt diente. Hier ließ Arwen mit magischer Kraft das Wasser ansteigen, um die schwarzen Reiter abzuwehren. Tolkiens Fluss Anduin mit den mächtigen steinernen Wächtern ist der Kawarau River; Raftingtouren mit *Extreme Green Rafting (35 Shotover Street | Tel. 03 4 42 85 17)*. Besonders reizvoll: ein Ausritt (auch ohne Reiterfahrung möglich) zu den Drehorten von Amon Hen und Nan Curunir, dem Tal von Saruman über *Dart Stables (Glenorchy | Tel. 0800 4 74 34 64)*. Weiteren Locations erleben Sie bei der Geländewagentour „Safari of the Rings" von *Nomad Safaris (Tel. 0800 68 82 22 | www.nomadsafaris.co.nz)*.

Populär ist auch ein Besuch von *Hobbiton* (s. S. 58) bei Hamilton auf der Nordinsel, die einzig verbliebene Filmkulisse – das Auenland. Auf die – nicht ganz einfache – Suche nach Drehorten führt Sie das *Location Guidebook* von Ian Brodie. Weitere Infos auf *www.doc.govt.nz/lordoftherings*. Die *Weta-Studios* (s. S. 64) in Wellington zeigen, wie die Animationen entstanden sind.

AUSKUNFT

WESTLAND VISITOR INFORMATION

Das Infoblatt *Gold Panning on the West Coast* gibt Ihnen Tipps, wie und auf welchen Claims Sie schürfen dürfen. *36 Weld Street | am Clock Tower | Tel. 03 7556166 | www.hokitika.org*

ZIEL IN DER UMGEBUNG

ROSS (150 B4) *(E12)*

Die Goldgräber an der Küste sind auch heute immer noch aktiv. Lediglich die gegenüber dem 1866 errichteten *Empire Hotel (tgl. ab 12 Uhr | 19 Aylmer Street | Tel. 03 7554005 | €)* liegende Mine wurde im Jahr 2004 geschlossen. Etwa 90 Lizenzen sind zurzeit an der Westküste an Goldsucher vergeben. Am Hotel beginnen auch einige Wanderwege in die goldene Vergangenheit (z. B. der 2 km lange, einfache *Water Race Walk*. Falls Sie Ihr Glück einmal versuchen wollen: Die *Visitor Information (tgl. 9–16 Uhr | Tel. 03 7554077 | www.hokitika.org)* verleiht auch Goldgräberutensilien. *30 km südwestl.*

NELSON

(151 E2) *(G10)* **Nelson, die fünftgrößte Stadt des Landes (50 000 Ew.), nennt sich großspurig Sunshine State of New Zealand. Tatsache ist, dass nirgendwo in Neuseeland so ausgiebig die Sonne scheint und das Klima so angenehm ist wie hier im Norden der Südinsel.**

Entsprechend ist daher auch die Lebensweise der Einheimischen: *relaxed*, den schönen, feingeistigen Dingen des Lebens zugetan. Nelson und Umgebung ist die Heimat von Künstlern und Lebenskünstlern, hier wachsen nicht nur köstliche Früchte und einige der besten Weinreben, hier gibt es sehr schöne Strandabschnitte und mit dem Abel Tasman National Park auch ein traumhaftes Wandergebiet.

Typisch: Jadeanhänger in Spiralenform

SEHENSWERTES

THE SUTER ART GALLERY

Werke lokaler und internationaler Künstler des 19./20. Jhs. sind zu sehen. Gutes Café. *Tgl. 9.30–16.30 Uhr | 4 NZ$ | 28 Halifax Street | www.thesuter.org.nz*

WOW

Wearable Art heißt die Veranstaltung, auf der einmal im Jahr in Wellington originelle „Kleiderkunst am Menschen" gezeigt und prämiert wird. Die ausgefallensten Stücke sind in der *World of Wearable Art*,

Rosen und Lebenskünstler gedeihen prächtig im milden Klima von Nelson

kurz WOW, ausgestellt. Außerdem gibt's im selben Gebäude eine Kollektion Oldtimer zu sehen. *Tgl. 10–17 Uhr | 24 NZ$ | 95 Quarantine Road | nahe Airport | www.wowcars.co.nz*

ESSEN & TRINKEN

THE HONEST LAWYER

Dieses Lokal ist sehr gemütlich ganz im Stil eines Countrypubs eingerichtet. Gute Fisch- und Fleischküche, Biergarten am Wasser. Auch 13 Landhauszimmer *(€€–€€€). 1 Point Road | Monaco | 15 Min. außerhalb Richtung Richmond | Tel. 0800 92 11 92 | www.honestlawyer.co.nz | €€–€€€*

NELSON WATERFRONT

Da fällt die Wahl richtig schwer: Gleich eine ganze Reihe ausgezeichneter Fischrestaurants *(Boat Shed, Harbourlight, The Styx)* hat sich entlang des Wakefield Quay, der (verkehrsreichen) Waterfront von Nelson, zusammengetan. Guter Tipp für Selbstversorger: *Guytons Fresh Fish (270 Wakefield Quay)* verkauft fangfrische Ware. Und gleich nebenan bei *Haven* gibt's ausgezeichnete Fish 'n' Chips. *268–351 Wakefield Quay*

EINKAUFEN

Jeden Samstag findet auf dem Montgomery Place ein Kunsthandwerkermarkt statt *(8–12 Uhr)*. Das Angebot am Sonntag ist viel kleiner.

JENS HANSEN

Die Hansens in Nelson sind die eigentlichen „Herren der Ringe", denn hier entstand der Prototyp des goldenen Zauberrings für die in Neuseeland gedrehte Filmtrilogie „Lord of the Rings". *320 Trafalger Square | www.jenshansen.com*

FREIZEIT & SPORT

BADEN

Die schönsten Strände finden Sie am *Tahunanui Beach* (bei Nelson, mit Campingplatz), auf *Rabbit Island* am Waimea

River *(vom SH 60 nach Upper Moutere abbiegen)* oder auch bei *Kaiteriteri* im Abel Tasman National Park.

ÜBERNACHTEN

CATHEDRAL INN

Dieses gemütliche B-&-B-Haus liegt gleich neben der Kathedrale. *7 Zi. | 369 Trafalgar Street | South | Tel. 03 5 48 73 69 | www.cathedralinn.co.nz* | €€

INSIDER TIPP SOUTH STREET COTTAGES

Einige der liebevoll restaurierten Häuser an der kleinen, aber citynahen South Street dienen auch als heimelige *Guest Houses*. Hier müssen Sie unbedingt reservieren! Die Anzahl der mietbaren Cottages variiert! *Tel. 03 5 40 27 69 | www.cottageaccommodation.co.nz* | €€–€€€

AUSKUNFT

VISITOR INFORMATION

77 Halifax Street/Ecke Trafalgar Street | Tel. 03 5 48 23 04 | www.nelsonnz.com

ZIELE IN DER UMGEBUNG

ABEL TASMAN NATIONAL PARK ★

(151 D1) *(G10)*

Benannt nach dem Holländer, der hier vor der Küste 1642 als erster Europäer Neuseeland erblickte. Weil sein Schiff von Maori angegriffen wurde, hat er sich schnell davon gemacht und nie einen Fuß an Land gesetzt.

Schade eigentlich, denn er hätte an der wunderbaren Landschaft seine Freude gehabt. Der Nationalpark umfasst über 220 km² mit fast lückenlos geschlossenem Busch, Nikaupalmen und Riesenfarnen sowie feinsandigen, südseeähnlichen Stränden, die von Dezember bis März gut besucht sind. Zwischen *Kaiteriteri* und *Totaranui* (schöner Gras-Campingplatz mit langem Strand, ohne Stromanschluss) verkehren Wassertaxis. So lässt sich der *Coastal Track*, den jedermann bequem in 4–5 Tagen bewältigen kann, in Tagesexkursionen zerlegen. Eine Reservierung für die Bootsfahrt ist notwendig, z. B. bei *Abel Tasman Enterprises (tgl. mehrere Abfahrten vor dem Campingplatz am Strand von Kaiteriteri | Büro: 265 High Street in Motueka | Tel. 0800 22 35 82 | www.abeltasmannz.com)*. Das *Park Café (tgl. 8 Uhr–spät | am Parkeingang in Marahau Beach | www.parkcafe.co.nz)* lohnt sich für einen gemütlichen Stopp. In der Nähe und schön am Hang

LOW BUDG€T

Nur festes Schuhwerk und eine Taschenlampe brauchen Sie für die spannende Höhlentour auf eigene Faust durch die *Punakaiki Caves (5 Min. vom DOC Visitor Centre am SH 6 | www.punakaiki.co.nz)* an der West Coast.

Mini-Dinos im *Southland Museum (Mo–Fr 9–17, Sa/So 10–17 Uhr | 108 Gala Street | www.southlandmuseum.com)* in Invercargill: Ein Besuch bei den *Tuataras*, wie die seltenen Uraltechsen heißen, kostet nichts.

Weil die meisten Touristen mit dem Wohnmobil von Auckland nach Christchurch fahren, suchen Vermieter „Relocations Driver“, die Fahrzeuge wieder auf die Nordinsel bringen. 3 Wochen vorher informieren. Infos z. B. unter *www.transfercar.co.nz, www.imoova.com* oder *www.rentalcarrelocation.co.nz*

liegen die *Ocean View Chalets (10 Zi. | Tel. 03 5 27 82 32 | €€)*. Weitere Hotels und Restaurants gibt es in *Motueka*. In der grünen Wildnis des Parks versteckt sich die INSIDER TIPP *Peppers Awaroa Lodge (26 Zi. | Tel. 03 5 28 87 58 | www.peppers.co.nz/awaroa | €€€)*. Wem Übernachten zu teuer ist, der sollte zumindest mit dem Wassertaxi zum Mittagessen hinfahren und am Traumstrand entlang wandern. Ein harmloses Abenteuer ist die Kajakfahrt entlang der Küste (s. S. 115).
Auskunft: *Motueka i-Site (20 Wallace Street | Tel. 03 5 28 65 43 | www.motuekaisite.co.nz). 80 km nordwestl.*

Pimp the beach: Vom Pferderücken aus wirkt die Traumkulisse der Golden Bay nahezu überirdisch

GOLDEN BAY (151 D1) *(🕮 F–G 9–10)*
Im Halbrund der ausladenden Bucht schmiegt sich goldfarbener weicher Sand an die Küste, wie geschaffen für Badeaufenthalte und Strandspaziergänge – es sei denn, ein *Nor'westerly*, ein warmer Wind aus dem Nordwesten, peitscht mal wieder ungebremst über die Cook Strait heran. Hauptort mit Einkaufsmöglichkeiten ist *Takaka*. 6 km westlich ergießt sich die größte Süßwasserquelle der südlichen Hemisphere: 14 000 l spuckt die *Te Waikoropupu Springs*, kurz *Pupu Springs*, pro Sekunde aus. Das klare Wasser ist zwar sehr einladend, doch weder Baden noch Tauchen ist erlaubt; der Fußweg vom Parkplatz endet an einer Aussichtsplattform *(Pupu Springs Road)*. In *Collingwood* starten *Allradsafaris (ca. 6 Std. | Tel. 03 5 24 82 57 | www.farewellspit.co.nz)* zum INSIDER TIPP *Farewell Spit*, der unbesiedelten Landzunge am Nordende der Bucht, die fast nur aus mächtigen Sanddünen besteht. Diese bieten den zahlreichen Vogelkolonien ideale Lebensbedingungen.
Im Hinterland der Bay starten ehrgeizige Wanderer auf dem 77 km langen

Heaphy Track (5–6 Tage) durch den *Kahurangi National Park* an die Westküste. Als charmante Unterkunft mit mediterranem Touch sticht nahe dem tollen Tata Beach das *Sans Souci Inn (7 Zi. | Pohara | 11 Richmond Road | Tel. 03 5 25 86 63 | www.sanssouciinn.co.nz | €€)* mit Grasdach und *Organic Garden* hervor. Sanitäranlagen (Kompost-WC) werden von den Gästen geteilt. *170 km nordwestl.*

NELSON LAKES NATIONAL PARK

(151 D3) *(F–G11)*
Die Ortschaft St. Arnaud am Lake Rotoiti dient als kleines touristisches Zentrum und Ausgangspunkt für Wanderungen durch den gebirgigen Nationalpark der Nelson Lakes. Weniger als eine Stunde braucht man für den erbaulichen *Honeydew Walk* am Seeufer.

In die Berglandschaft passen die massiven Blockhäuser von *Nelson Lakes Motel (17 Zi. u. 34 Betten | SH 63 | Tel. 03 5 21 18 87 | www.nelsonlakes.co.nz | €)*. Angler und Jäger finden rund um den Lake Rotorua und den Lake Rotoiti ideale Bedingungen: Die Aale werden hier bis zu vier Pfund schwer, die Bachforellen rund fünf Pfund. Ein guter Führer in St. Arnaud ist *Boris Cech (Tel. 03 5 43 91 21 | www.flyfishboris.com)*. Die beste Zeit für Sportfischer ist zwischen Oktober und April – allerdings sind dann die *sandflies* (Gnitzen) ganz besonders blutrünstig. *100 km südwestl.*

UPPER MOUTERE (151 D2) *(G10)*

Hier liegt der Obstgarten der Region mit herrlichen Apfel- und Weinsorten. Upper Moutere (sprich Mutri) wurde 1843 von Deutschen gegründet. Der kleine Friedhof hält Erinnerungen daran wach. Den heimischen Wein können Sie im Weingut *Seifried (tgl. 10–17 Uhr | 184 Redwood Road/Ecke SH 60 | Appleby)* probieren. *22 km westl.*

PICTON

(151 E–F2) *(H10)* **Das „Tor zur Südinsel" ist ein eher zurückhaltendes Örtchen, das immer nur dann kurz auflebt, wenn eine Fähre die Südinsel erreicht.**
Da hilft nur die wehmütige Erinnerung an das Jahr 1865, als man auch Hauptstadt werden wollte. Das Schönste an Picton aber ist der *Queen Charlotte Drive,* der von hier nach Havelock führt. Die Strecke windet sich an Buchten der Marlborough Sounds entlang – besonders attraktiv für Wohnmobilurlauber: *Mgakuta Bay* – und ist vor allem im weichen Licht des späten Nachmittags märchenhaft. Die Abzweigung bei Link Water führt kurvenreich auf asphaltierter Straße zum Kenepuru Sound und nach Portage. Romantisch am Wasser liegt das INSIDER TIPP *Te Mahia Bay Resort (Tel. 03 5 73 40 89 | www.temahia.co.nz | €€)* mit seinen schönen Hotelzimmern.

ESSEN & TRINKEN

Auf der High Street und an der Waterfront gibt es nette Cafés mit guter Mittags- und Abendkarte. Eine Empfehlung ist *Le Café*, zentral am London Quay mit Blick auf den Yachthafen.

FREIZEIT & SPORT

KAJAK-TOUREN

Die meist ruhigen Wasser des Queen Charlotte Sound sind wie geschaffen für individuelle Kajakausflüge zu stillen Ufern. Eine solche Tour lässt sich gut mit einer Wanderung bzw. einem Mountainbiketrip kombinieren. Der Kajakverleih hilft bei der Planung. Natürlich sind auch geführte Kajaktouren im Angebot. *Wilderness Guides (Miete ab 40 NZ$/ halber Tag | London Quay/Ecke Welling-*

ton Street | Tel. 0800 26 62 66 | www.wildernessguidesnz.com)

ÜBERNACHTEN

HARBOUR VIEW MOTEL

Zentrales Motel mit einem schönen Blick auf den Hafen. *12 Zi. | 30 Waikawa Road | Tel. 0800 10 11 33 | www.harbourviewpicton.co.nz | €€*

MCCORMICK HOUSE

Charmantes B & B im Haus von 1914 mit Traumgarten und aufmerksamen Gastgebern. *3 Zi. | 21 Leicester Street | ca. 2 km von Picton | Tel. 03 5 73 52 53 | www.mccormickhouse.co.nz | €€€*

AUSKUNFT

PICTON I-SITE

The Foreshore (am Anleger) | Tel. 03 5 20 31 13. Im selben Gebäude liegt auch das *Department of Conservation (Tel. 03 5 73 75 82 | www.marlboroughnz.com).*

ZIELE IN DER UMGEBUNG

BLENHEIM (151 E2) (*H10–11*)

Der Ort ist das Zentrum von Marlborough und zugleich Mittelpunkt des größten Weinbaugebiets Neuseelands. Beim umsatzstärksten Weinproduzenten, *Brancott Estate Wines (mit Restaurant tgl. 11–15 und Weinverkostung tgl. 10–15.30 Uhr | 180 Brancott Road | Tel. 03 5 20 69 75 | www.brancottestate.com | €€€)*, gibt es im Februar ein großes *Marlborough Wine and Food Festival* (s. S. 128). Der ★ *Marlborough Wine Trail* (Broschüre bei der Picton i-Site) führt zu den besten Winzern der Region, die sich größtenteils entlang der *Rapaura Road (SH 62 zwischen SH 1 und 6, nördlich von Blenheim)* befinden. Bei einigen können Sie auch Wein verkosten. Sehr gute kulinarische Touren durch die Region organisiert *Taste Malborough (Tel. 0800 99 08 00 | www.marlboroughtourcompany.co.nz)*. Empfehlenswerte Tipps für ein Mittagessen in angenehmer Winzeratmosphäre sind die ● *Vineyard Kitchen (tgl. 9–17 Uhr | 13 Selmes Road/Ecke Rapaura Road | Tel. 0800 31 73 19 | www.saintclair.co.nz | €€€)* des Weinguts *Saint Clair* und – moderner – das *Brancott Estate* (s. o). Oliven, Eis und Weinbrand verkauft *Taste of Marlborough (Rapaura Road). 15 km südl.*

KAIKOURA ★ (151 E4) (*G12*)

Das 120 km südlich von Picton liegende Städtchen wurde hauptsächlich bekannt durch Pottwal- und Delfinbeobachtungen. Die beste Zeit für einen Ausflug zu diesen Meeresbewohnern liegt zwischen Oktober und April. 150 NZ$ kostet Sie eine Tour zu den Walen mit *Whale Watch Kaikoura (Railway Station | Tel. 0800 65 51 21 | www.whalewatch.co.nz)* oder zu den Delfinen mit *Kaikoura Dolphin Encounter (West End | Tel. 0800 73 33 65 | www.dolphinencounter.co.nz).* Das Ganze mit Geld-Zurück-Garantie: Falls kein Wal auftaucht, bekommen Sie 80 Prozent des Preises erstattet.

Am Ende des Dorfes, nicht weit von dem Fischerhafen entfernt, liegt eine kleine *Robbenkolonie (Seal Colony) (Fyffe Quay)*, die Sie nach einer kurzen Wanderung erreichen. In und um Kaikoura, dessen Name in der Sprache der Maori „Langustenmahl" bedeutet, gibt es Langusten *(crayfish)* frisch oder gekocht zu kaufen, z. B. bei *Nin's Bin (SH 1, 23 km nördl. von Kaikoura)*. Auskunft: *Visitor Information (Kaikoura | Memorial Hall | West End | Tel. 03 3 19 56 41 | www.kaikoura.co.nz)*

MARLBOROUGH SOUNDS

(151 E–F 1–2) (*G–H10*)

Das Gewirr etlicher Buchten mit den dicht bewachsenen Hängen, in früheren Zeiten von den Maori besiedelt und Thema vieler Legenden, und den schmalen Stränden (mehr als 900 km Küstenlänge) lässt sich gut mit dem Segelschiff erkunden; preiswerter, aber mindestens so interessant geht es mit dem Postschiff. Mit dem Boot sind auch Tagesausflüge auf dem traumhaften *Queen Charlotte Track (www.qctrack.co.nz)* möglich. Die schönsten Wanderabschnitte der Route liegen zwischen *Ship Cove* und *Furneaux Lodge*. *Magic Mail Run (ab Picton Mo–Sa 13.30 Uhr bis Ship Cove | ca. 4 Std. für ca. 90 NZ$); Beachcomber Fun Cruise (Tel. 0800 624526 | www. beachcombercruises.co.nz)*

Vor der Küste Kaikouras können Sie Wale fangen – mit Ihrer Kamera

QUEENSTOWN

(152 C3) (*C15*) **Für die einen ist ★ Queenstown ein faszinierender Abenteuerspielplatz, die anderen kritisieren den Urlauberansturm auf das Örtchen.**

Dabei verliert sich die Masse in Queenstown, das trotz des touristischen Erfolgs sommers wie winters immer noch den Charakter einer überschaubaren Sommerfrische am romantischen Lake Wakatipu behalten hat. Queenstown gibt auch Fragen auf: Warum etwa hebt und senkt sich der Wasserspiegel des Lake Wakatipu (300 km^2) alle paar Minuten um ca. 12 cm? Wegen des Herzschlags des auf dem Seegrund schlafenden Riesen – meint die Maori-Mythologie. Tatsächlich erklärt sich das Phänomen mit dem Wechsel des Atmosphärendrucks durch kalte und heiße Luftbewegungen über dem See.

SEHENSWERTES

BOB'S PEAK

Von hier aus haben Sie eine Paradeaussicht auf den Lake Wakatipu. Abenteurer wählen zwischen Bungy Jump und der rasanten Fahrt im Asphaltbob *(The Luge)*; oder sie schweben im Tandem-Gleitschirmflug zurück ins Tal *(ca. 205 NZ$ | Veranstalter über die i-Site und vor Ort | Tel. 0800 75 96 88 | www.nzgforce.com). Gondelterminal an der Brecon Street*

GIBBSTON VALLEY WINE

Eins der südlichsten Weingüter der Welt muss die Konkurrenz nicht fürchten. Empfehlung zum Lunch, hervorragende Käserei. *Tgl. 10–17 Uhr | SH 6, ein paar hundert Meter von der Kawarau Bridge Rchtg. Cromwell entfernt | Tel. 03 4 42 69 10 | www.gibbstonvalleynz.com*

ESSEN & TRINKEN

Ein vielfältiges Angebot erwartet Sie – vor allem in der *Steamer Wharf* (Anlegestelle der „Earnslaw") und in der *Mall* (Fußgängerzone).

INSIDER TIPP **THE BATH HOUSE**

In diesem Restaurant in einem ehemaligen Umkleidehaus direkt am See werden Ihnen u. a. Tapas serviert. Es gibt auch eine tolle Kaffeeterrasse. *Tgl. Lunch/Dinner | Tel. 03 4 42 56 25 | www.bathhouse.co.nz* | €€

BELLA CUCINA

Gemütliches italienisches Restaurant mit Holzofenpizza. *Tgl. Dinner | 6 Brecon Street | Tel. 03 4 42 67 62* | €€€

BOTSWANA BUTCHERY

In dem Restaurant mit Blick auf den Lake Wakatipu wird ordentlich der Fleischeslust gefrönt. Dafür verbürgt sich die südafrikanisch inspirierte Küche. Nicht billig, aber verlässlich gut. Sie sollten unbedingt reservieren, bei schönem Wetter auf der Terrasse. *Tgl. 12–1 Uhr | 17 Marine Parade | Tel. 03 4 42 69 94 | www.goodgroup.co.nz* | €€€

KAPPA SUSHI CAFÉ

Hier gibt es beste japanische Küche. *Tgl. Lunch/Dinner | 36 The Mall | 1. Etage | Tel. 03 4 41 14 23* | €–€€

EINKAUFEN

Das große *Einkaufszentrum (www.remarkablesparktowncentre.co.nz)* der *locals* befindet sich in Frankton am Flughafen. Eine gute Auswahl von Souvenirs und Bekleidung halten Geschäfte im Zentrum von Queenstown bereit, so etwa *Vesta (19 Marine Parade | www.*

THE HOME OF BUNGY

Auf der Südseeinsel *South Pentecost* (Vanuatu) ist der todesmutige Kopfübersprung ein altes Ritual junger Männer. In Neuseeland wurde daraus *Bungy Jump*, eine Erfolgsgeschichte, die um die ganze Welt ging. Der Kiwi-Abenteurer A. J. Hackett wagte die ersten Sprünge Mitte 1989, zunächst vorsichtig aus einer Seilbahn über weichem Tiefschnee, dann illegal vom Pariser Eiffelturm und schließlich von der historischen Kawarau Bridge bei Queenstown – immer gehalten von einem dicken, um die Fußfesseln gebundenen Gummiseil. Heute gilt Bungy *down under* als sehr lukrative Touristenattraktion. Adrenalinjunkies von überall her zahlen viel Geld, um sich ins 130 m tiefe Nevis Valley oder vom Steilhang auf Bob's Peak stürzen zu dürfen.

Nur eine von zig Arten, sich in und um Queenstown Nervenkitzel zu verschaffen: Bungy Jump

vestadesign.co.nz). Delikatessen führt der *Mediterranean Market (53 Robins Road | www.mediterranean.co.nz)*.

WINE TASTING

Was so weit unten auf der Südhalbkugel am Weinstock gedeiht, können Sie hier kaufen und verkosten. Otago-Weine sind nicht preiswert, dafür gehaltvoll und vollmundig, auch Rosés haben hier Klasse. *14 Beach Street | O'Connells Pavilion | Tel. 03 4 09 22 26 | www.winetastes.com*

FREIZEIT & SPORT

„Action" ist ein Zauberwort in Queenstown – das Angebot ist buchstäblich Schwindel erregend. An der 43 m hohen *Kawarau Suspension Bridge* direkt am SH 6 begann mit dem Bungy Jumping der Sprung in den Reichtum für *A. J. Hackett (pro Sprung ca. 195 NZ$ | Tel. 0800 2 86 49 58 | www.bungy.co.nz)*. Auch das Zuschauen vom modernen Besucherzentrum ist spannend. Wem der 43-m-Sprung nicht reicht: Die nächsten Stufen sind der *Ledge Bungy* („nur" 47 m, aber prickelnde 400 m oberhalb von Queenstown auf Bob's Peak) und der ● *Nevis Bungy (275 NZ$)* (134 m). In der Nähe der Edith Cavall Bridge *(Arthurs Point Road)*, bei den Cascades, enden die wilden *White-Water-Rafting-Tours*, die ihren Anfang am 19 km entfernten Deep Creek (Shotover River) nehmen; z. B. über *Queenstown Rafting (ca. 219 NZ$ | Tel. 03 4 42 97 92 | www.queenstownrafting.co.nz)*. An der Brücke startet auch der *Shotover Jet (ca. 135 NZ$ | Tel. 0800 74 68 68 | www.shotoverjet.com)*, die spannendste Jetboot-Fahrt.

Eine praktische Kombination all dieser Aktivitäten bieten die sogenannten *Combos (Tel. 0800 42 38 36 | www.combos.co.nz)*: Der ultimative Thrill heißt hier „awesome foursome" und steht für einen

Tag Adrenalin pur: Nevis Bungy (134 m), Fahrt mit dem Shotover Jet, Helicopter Flug (7 Min.) zum Skippers Canyon und dann White-Water-Rafting auf dem Shotover River *(690 NZ$)*. River Surfing mit dem schmalen Boogy Board im tosenden Wildwasser, mit dem Gleitschirm von Bob's Peak – nach frühestens einer Woche kommen Sie etwas zur Ruhe. Alle Touren können u. a. gebucht werden bei *The Station (Ecke Camp | Shotover Street | Tel. 03 4 42 52 52 | 0800 28 64 95 | www.thestation.co.nz)*.

Das ruppige Terrain macht Lust auf Mountainbike-Ausflüge, z. B. durch Skippers Canyon oder nach Macetown. Bei der Routenfindung hilft das Faltblatt *Mountain Bike Riding,* erhältlich beim *Department of Conservation (DOC) (36 Shotover Street | www.doc.govt.nz)*. Räder verleiht im selben Gebäude *Outside Sports (ca. 55 NZ$/Tag | Tel. 03 4 41 00 47 | www.outsidesports.co.nz)*. Wer noch Puste hat: Im *Gibbston Valley* gibt es einen klasse *Parcours* (nahe Gibbston Valley Winery) für Mountainbiker aller Schwierigkeitsgrade. Beste Infos über Touren: *Vertigo (4 Brecon Street | Tel. 0800 8 37 84 46 | www.vertigobikes.co.nz)*

ONSEN HOT POOLS

Das exklusive Badehaus mit unverbautem Blick zur Kawarau-Schlucht verfügt über sechs, 38,6 Grad warme Privatpools (reservieren!). Romantiker wählen die Freiluftvariante, abends bei Kerzenlicht. *Tgl. 11–23 Uhr | ca. 92 NZ$/Std./2 Pers. | 160 Arthurs Point Road | 10 Fahrmin. von Queenstown | freier Shuttle ab The Station im Zentrum | Tel. 03 4 42 57 07 | www.onsen.co.nz*

T. S. S. EARNSLAW (152 C3) (*C15*)

Sechsmal täglich startet der alte Dampfer mit einer weithin sichtbaren Rauchfahne zu Fahrten über den Lake Wakatipu. Die 1,5-stündige Tour (reine Fahrtzeit) führt zur *Walter Peak Country Sheep and Cattle Station,* wo die Arbeit auf einer Hochlandfarm gezeigt wird. *Real Journeys (Steamer Wharf | ab 60 NZ$ | Tel. 0800 65 65 01 | www.realjourneys.co.nz)*

AM ABEND

Lebhafte Pubs sind *Montys (12 Church Street)* und *1876 (45 Ballarat Street), Lone Star Saloon (14 Brecon Street), Pog Mahone (14 Rees Street)* und *Speights Ale House (Ballarat Street | Ecke Stanley Street)*.

ÜBERNACHTEN

Wohnmobile stehen auf den Campingplätzen im Städtchen recht eng, z. B. *Queenstown Lakeview Holiday Park (Brecon Street | Tel. 03 4 42 72 52 | www.holidaypark.net.nz | €)*. Mehr Platz und Natur am Seeufer bietet die vom DOC verwaltete INSIDER TIPP *Twelve Mile Delta Campsite (Glenorchy Road | ca. 10 km nördlich von Queenstown | €)*, keine Duschen, kein Strom, aber fließend Wasser und einige wenige Toiletten. Der *Top Ten Holiday Park Shotover (70 Arthurs Point Road | Tel. 0800 46 22 67 | www.qtowntop10.co.nz)* mit neugestalteter Parkanlage liegt abseits vom Rummel am Arthurs Point, nahe Shotover Jet/Rafting und Coronet Peak.

ABSOLOOT VALUE

Preiswert und zentral gelegene Unterkunft mit einem Restaurant. Direkt am See. *26 Zi. | 50 Beach Street | Tel. 03 4 42 95 22 | www.absoloot.co.nz | €–€€*

COPTHORNE RESORT

Mit Blick auf den See wohnen Sie modern und stadtnah. *247 Zi. | Frankton Road/Ecke Aidelaide Street | Tel. 03*

4428123 | www.copthornelakefront.co.nz | €€

CROWNE PLAZA

Zimmer im vorderen Trakt blicken auf den Lake Wakatipu, zentrumsnah, trotzdem ruhig. *140 Zi. | Beach Street | Tel. 03 4410095 | 0800 1816068 | www.ichotelsgroup.com* | €€€

AUSKUNFT

DEPARTMENT OF CONSERVATION (DOC)

Broschüren über Wandermöglichkeiten in der Umgebung. *36 Shotover Street | 1. Stock (Outside Sports) | Tel. 03 4427935 | www.doc.govt.nz*

QUEENSTOWN I-SITE

Camp Street/Shotover Street | Tel. 03 4424100. Das Büro informiert Sie außerdem über preiswerte Hotelangebote. *www.queenstownnz.co.nz, www.queenstownadventure.com, www.queenstowninformation.co.nz*

ZIELE IN DER UMGEBUNG

ARROWTOWN (152 C3) (*C15*)

Frühere Gold Town, 1862 gegründet, deren fein restaurierte Holzhäuser etliche Souvenirshops und Restaurants beherbergen. An die vielen chinesischen Goldsucher und deren entbehrungsreiches Leben erinnert das *Chinese Settlement*, eine Art Freilichtmuseum, das Sie bei einem gemütlichen Spaziergang am Ufer des Arrow River erkunden können *(an der Buckingham Street ausgeschildert)*. Ein farbenprächtiges Herbstfestival wird Mitte April veranstaltet; über die Methoden des Goldabbaus kann man sich im *Lakes District Centennial Memorial Museum (tgl. 9–17 Uhr | 11 NZ$ | 49 Buckingham Street)* gut kundig machen. In der Umgebung, am Arrow River, wurden Sze-

Bungy ist Ihnen nicht genug? Dann rauschen Sie doch im Jetboot über den Shotover River

Berge, Ebenen, Flüsse: Im Mount Aspiring National Park werden Wanderer-Träume wahr

nen des Films „Herr der Ringe" gedreht. *20 km nördl.*

CLYDE (153 D3) (*🕮 C15*)
Das Dörfchen liegt in der Nähe eines gigantischen Staudamms. INSIDER TIPP *Oliver's Central Otago* (*34 Sunderland Street | Tel. 03 4 49 26 00 | www.oliverscentralotago.co.nz | €€–€€€*) ist einen Besuch wert, die umgebauten Pferdeställe des früheren Kolonialladens bieten ein romantisches Erlebnis. *95 km südöstl.*

CORONET PEAK (152 C3) (*🕮 C15*)
Im Sommer kann man den Gipfel (1646 m) in rd. einer Stunde erwandern und herrliche Ausblicke auf Mount Aspiring und Mount Cardrona genießen, im Winter ist dies ein gutes Skigebiet. *15 km nördl.*

GLENORCHY (152 C3) (*🕮 C15*)
Eine gut ausgebaute Straße (45 Min. Fahrt) führt ans Ende des Lake Wakatipu und in die Einsamkeit des Mt. Aspiring National Park. In der wild-romantischen Umgebung Glenorchys unternimmt *Dart River Safaris (Tel. 0800 32 78 53 | www.dartriver.co.nz)* Trips zu „Herr-der-Ringe"-Locations (Isengart und Lothlórien). Bei *Glenorchy Fur Products (Argyle Street/Ecke Mull | Tel. 03 4 42 77 72 | www.glenorchyfur.co.nz)* werden v. a. Opossum-Felle verkauft. Wer dem touristischen Queenstown entfliehen will, ist gut aufgehoben auf dem *Glenorchy Campground (2 Oban Street | Tel. 03 4 41 03 03 | €)*, auch mit Hütten, Zimmern und Schlafsälen. Auskunft: *Department of Conservation (Tel. 03 4 42 99 37)*; weitere Infos unter *www.glenorchyinfocentre.co.nz* und *www.glenorchy-nz.com*

MOUNT ASPIRING NATIONAL PARK (152–153 C–D 1–2) (*🕮 B–C14*)
Neuseelands zweitgrößter Nationalpark, beliebtes Ziel für Bergsteiger und Wanderer, erstreckt sich vom Haast Pass bis

Lake Wakatipu. Flüsse des Massivs speisen die Seen Wakatipu und Wanaka. Am Fuß des Mt. Aspiring (der Hochragende, 3027 m), an der Ranger-Station *Makarora (am SH 6 zwischen Wanaka und Haast Pass)* beginnt die *Siberia Experience (Makaora | ca. 370 NZ$ | Tel. 0800 345666 | www.siberiaexperience.co.nz)*, eine kombinierte Flug-Wander-Jetboot-Tour (4 Std.) durch die atemberaubende Bergwelt. *60 km nördl.*

OTAGO GOLDFIELDS HERITAGE HIGHWAY (153 D–E 3–4) (C–D 15–16)

Der Weg führt über Cromwell, Alexandra, Roxburgh und Lawrence, von Alexandra auch nach St. Bathan's und Ranfurly, zu verschiedenen alten Schürfanlagen. In *Saint Bathan's* (153 D3) (*D15*) ist das *Vulcan Hotel (Tel. 03 4473629 | €€)*, in dem man in neun einfachen Zimmern übernachten kann, einen Besuch wert. Eine Broschüre über den Heritage Highway *(www.goldfieldstrust.org.nz)* gibt es beim Department of Conservation in Queenstown. Weitere Infos unter *www.maniototo.co.nz* und *www.centralotagonz.com*

SKIPPERS CANYON

(152 C3) (*C15*)

Die imposante Schlucht war Mitte des 19. Jhs. ein Gold-Eldorado. Heute leben im Tal noch ein paar Farmer und Goldsucher. Die Hänge sind teils vegetationslos der Erosion ausgesetzt. Bei Fahrten mit dem Mietwagen über die schmale, oft gefährliche Straße erlischt der Versicherungsschutz. Geführte Touren auf Geländemotorrädern bietet *Denis Columb (Tel. 0800 6337626 | www.offroad.co.nz)* von Queenstown aus an. *10 km nördl.*

WANAKA (153 D2) (C14–15)

Die gelassene Antwort auf Queenstown. Wanaka fördert den „sanften Tourismus". *The Puzzling World (tgl. 8.30–17 Uhr | 2 km von Wanaka entfernt am SH 84 | www.puzzlingworld.co.nz)* umfasst einen Irrgarten, verschiedene Abteilungen mit trickreichen Illusionen und eine *Puzzle-Stube*, die eigens für Regentage erdacht wurde. Nicht verpassen sollten Sie das liebevoll präsentierte Chaos im großen *National Transport and Toy Museum (tgl. 9–17 Uhr | 17 NZ$ | Wanaka Airport, SH 6 | www.nttmuseum.co.nz)* mit allem, was sich bewegen und sammeln lässt. Gleich nebenan produziert und verkauft INSIDER TIPP *Wanaka Beerworks (Mo–Fr 9–16.30, So 9–16 Uhr | www.wanakabeerworks.co.nz)* ganz ausgezeichnete Biere.

Nüchtern sollte allerdings bleiben, wer am Airport z. B. mit *Flug-Oldtimern* in die Luft gehen will. Weitere Infos unter *www.xxaviation.co.nz*, *www.classicflights.co.nz* und *www.u-flywanaka.co.nz*. Alle zwei Jahre (in geraden Jahren) zu Ostern kommen rund 100 000 Besucher zu der Flugschau „Warbirds over Wanaka". Beste Bedingungen am Lake Wanaka finden aber auch Paraglider *(www.wanakaparagliding.co.nz)* und Parasailer *(www.wanakaparasailing.co.nz)* sowie Fallschirmspringer vor *(www.skydivewanaka.com)*.

Das stille Städtchen mit guten Restaurants und günstigen Motels bietet sich an als Ausgangspunkt für Skitouren zum *Treble Cone* und zum *Cardrona Skifield* mit dem gemütlichen Restaurant im *Cardrona Hotel (20 Zi. | Tel. 03 4438153 | €€)* aus dem Jahr 1865 nahe der Auffahrt zum Skigebiet.

An der Kneipe vorbei führt der SH 89 über die INSIDER TIPP *Crown Range* nach Queenstown. Die Strecke ist komplett asphaltiert, bleibt aber im Winter manchmal wegen Schneefalls geschlossen. Die Fahrt bietet traumhafte Ausblicke auf das Wakatipu-Tal und Lake

Hayes. Auskunft: *Wanaka i-Site (103 Ardmore Street | Tel. 03 4431233 | www.lakewanaka.co.nz)*. 100 km östl.

STEWART ISLAND

(152 B–C6) (*🕮 B17–18*) **Auf Stewart Island ist das Ende der Welt so gut wie erreicht. Te Punga-o-te-waka-a-Maui, der „Anker des Kanus von Maui", so heißt die Insel in der Maori-Mythologie, in der das Kanu die Südinsel ist, mit dem der Halbgott Maui den „Fisch" Nordinsel aus dem Wasser zog.**

Und hätte James Cook 1770 Recht gehabt, wäre es vielen Menschen nach ihm auf dem Weg nach Stewart Island vermutlich weniger übel ergangen. Der britische Seefahrer hielt das Eiland nämlich irrtümlicherweise für eine Halbinsel der Südinsel. So müht sich heute der Katamaran mit seinen Passagieren durch eine der rauesten Meeresstraßen der Welt: die an dieser Stelle 32 km breite *Foveaux Strait*. Zwar meldet die Insel auch Sonnenschein, doch Nebel und Regen sind häufiger zu registrieren – an durchschnittlich 255 Tagen im Jahr.

Stewart Island, *New Zealand's best kept secret,* wie es so schön heißt, hat schon längst sein Herz für den Tourismus entdeckt und bietet Tagesausflüge für einen ersten Eindruck der Insel an. Dann lernt man vor allem das 20 km lange Straßennetz und die mit 400 Ew. einzige Ansiedlung der Insel, *Oban* in der *Halfmoon Bay,* per Minibus kennen, bummelt an den drei Fischfabriken vorbei, am Pub, dem sehr reizvollen *Church Hill Café/Restaurant (36 Kamahi Road),* der Grundschule, dem kleinen Museum und dem Krämerladen, der sich mangels Konkurrenz Supermarkt nennen darf. Oder setzt sich ein paar Minuten an den *Fred Lonnecker Beach,* kleiner Teil der insgesamt über 1600 km langen Küstenlinie. Intensive Einblicke in die 1680 km² große Insel, seit 2002 Neuseelands jüngster und 14. Nationalpark, vermitteln rund 200 km Wanderwege, die durch meist aufgeweichten Boden und dichten Busch führen.

Vogel- und Pflanzenliebhaber bilden den größten Teil der Stewart-Island-Touristen. Wer Glück hat, dem läuft im Dickicht der Farne ein scheuer Kiwi vor die Füße. Die Durchschnittstemperaturen liegen auf der Insel tagsüber im Winter bei 9, im Sommer bei 18 Grad.

SEHENSWERTES

PATERSON INLET

Besonders romantisch sind Ausflüge auf den ★ ● *Observation Point* über dem Paterson Inlet. In klaren Nächten lässt sich die Sternenformation *Kreuz des Südens* (Kreuz des Südens) besonders gut beobachten – auf der neuseeländischen Flagge symbolisch wiedergegeben mit vier Sternen, die ein Kreuz formen. Rakiura, „himmlisches Leuchten", ist der polynesische Name für Stewart Island.

An das Missionarsehepaar Wohlers, das zwischen 1844 und 1855 gemeinsam mit den Maori auf der Insel lebte, erinnert ein Grabstein nahe dem *Ringaringa Beach*. *Ulva Island (www.ulva.co.nz),* eine Insel im Paterson Inlet, erreichen Sie innerhalb einer Stunde mit dem Wassertaxi von Halfmoon Bay aus: Wunderbare Strände, eine faszinierende Vogelwelt und ein Waldlehrpfad erwarten Sie.

FREIZEIT & SPORT

INSIDER TIPP KIWI SPOTTING

Im Halbdunkel ist man dem kugelrunden Kiwi diskret auf der Spur; Anbieter: *Bravo Adventure Cruises (Tel. 03 2191144 | www.kiwispotting.co.nz)* oder *Ruggedy Range (Tel. 03 2191066 | www.ruggedyrange.com)*. Möglichst lange im Voraus reservieren!

NORTH WEST CIRCUIT

Einer der populärsten Tracks im Norden der Insel. Auf der 125 km langen Route ist man zwischen acht und zehn Tagen unterwegs. Eine ausgesprochen gute Kondition sowie strapazierfähige und wetterfeste Ausrüstung sind unabdingbar. Die kostenfrei zu nutzenden Hütten, in Abständen von Tagesmärschen, sind karg ausgerüstet *(keine Reservierungen!)*. Im Dezember und Januar sind viele Wanderer unterwegs. Eine Alternative ist der 36 km lange, mit Holzbohlen bestens ausgebaute *Rakiura Track*. Für die dreitägige Wanderung benötigt man einen *Great Walks Pass* vom Department of Conservation.

AM ABEND

Das Nachtleben auf Stewart Island beschränkt sich auf ein letztes Bier zum Billardspiel im *South Sea Hotel* am Hafen.

ÜBERNACHTEN

Es gibt nur wenige Motels, z. B. das *South Sea Hotel (28 Zi. | Tel. 03 2191059 | www.stewart-Island.co.nz | €–€€)* am Hafen. Oder schauen Sie auf die Website der Touristeninformation *www.stewartisland.co.nz*.

Auf Neuseelands „best kept secret" sind natürlich auch die Strände traumhaft einsam

ANREISE

Sie erreichen Stewart Island mit dem Katamaran „Foveaux Express" *(60 Min. Fahrzeit | ab Bluff Sept.–April tgl. 9.30, 11 und 17 Uhr | ab 75 NZ$ einfache Strecke | Personenfähre, keine Autos! | Stewart Island Marine | Tel. 0800 000511 | www.*

stewartislandexperience.co.nz) oder per Flugzeug von Invercargill *(Stewart Island Flights | mehrmals tgl. | Tel. 03 2 18 91 29 | www.stewartislandflights.com | Gepäck max. 15 kg)*. Der Flugpreis beträgt 220 NZ$ (hin und zurück). Die Jugendherberge in Invercargill vermittelt günstige Flüge zur Insel (auch auf Stand-by-Basis). Für Superlativ-Sammler: Der am weitesten von Deutschland entfernte zivile Flugplatz liegt auf Stewart Island.

Tuatara: Verglichen mit den Uraltechsen sind die Menschen eine verdammt junge Spezies

AUSKUNFT

DEPARTMENT OF CONSERVATION

Landkarten sowie Infoblätter zu den „Walks". *15 Main Road | Tel. 03 2 19 00 09 | www.doc.govt.nz*

STEWART ISLAND VISITOR INFORMATION

12 Elgin Terrace | Tel. 03 2 19 14 00 | www.stewartisland.co.nz

ZIELE IN DER UMGEBUNG

BLUFF (152 C5) (*🕮 C17*)

Dieser Ort ist Heimathafen einer großen Fischereiflotte und zugleich Standort einer mächtigen Aluminiumhütte. Von Bluff aus fährt die Fähre in einer Stunde nach Stewart Island. Die Südspitze der Insel ist ein idealer Standort für ein Erinnerungsfoto vor einem *Signpost,* der anzeigt, dass man von London 18 958 km und von New York 15 008 km entfernt ist. Bis zum Südpol sind es 5200 km ...

INVERCARGILL (152 C5) (*🕮 C17*)

Die kühl-nasse Stadt im tiefen Süden der Südinsel geizt mit Reizen – aber die wenigen sind nicht ohne. Da gibt es seltene *Tuatara* im *Southland Museum & Art Gallery (Mo–Fr 9–17, Sa/So 10–17 Uhr | Eintritt frei | 108 Gala Street | www.southlandmuseum.com),* urzeitliche Echsen, die in ihren Terrarien wie erstarrt wirken, aber quicklebendig sind. In der *Anderson Park Art Gallery (tgl. 10.30–17 Uhr | 91 McIvor Road),* untergebracht in einem kolonialen Herrenhaus, können sich Kunstfreunde mit Liebe zum Detail nicht satt sehen. Und scheint dann doch mal die sommerliche Sonne, verwandelt sich der einsame *Oreti Beach* in eine bevölkerte Badelandschaft. Im *Victoria Railway Hotel (22 Zi. | Esk Street/Ecke Leven | Tel. 0800 777557 | www.vrhotel.co.nz | €€–€€€)* übernachten beschert modernen Komfort hinter der Fassade aus dem 19. Jh. Auskunft: *Invercargill i-Site (108 Gala Street | Southland Museum | Tel. 03 2110895 | www.southlandnz.com | www.invercargill.org.nz)*

TE ANAU

(152 B3) *(🕮 B15)* **Das kleine Städtchen am Südostende des Lake Te Anau ist Ausgangspunkt für Touren in den Fiordland National Park, mit 1,2 Mio. ha Neuseelands größter Nationalpark und nur zu einem kleinen Teil erforscht.**

Diesen Urwald haben auch die ersten Siedler vorgefunden. Was dazu führt, dass sich allerlei unheimliche Geschichten um die *great hairy moehau* drehen, ein Rudel „großfüßiger Menschenaffen". Andere blutrünstige Horrorstorys handeln von den „Angriffen" der berüchtigten *sandflies,* winziger, fliegenähnlicher Tiere, an deren Biss noch nach Tagen ein lästiger Juckreiz auf der Haut erinnert. Der *Lake Te Anau* ist mit seinen 344 km² der größte See auf der ganzen Südinsel. Das Fiordland, vor etwa 500 Mio. Jahren entstanden, ist bis heute wild und unzugänglich geblieben. Doubtful Sound und vor allem der Milford Sound sind die touristisch am besten erschlossenen Teile des Fiordlands. Wer sich auf lange Wanderungen in unberührter Natur freut, sollte wissen, dass in der Fiordland-Region bis zu 7 m Niederschlag jährlich gemessen werden. Und abenteuerlich ist noch so manche Strecke: Hängebrücken über Flüsse und Schluchten bestehen manchmal nur aus drei Drähten – einem für die Füße und zwei für die Hände.

SEHENSWERTES

GLOWWORM CAVES

„Die Höhle der wirbelnden Wasser" *(Te Ana-au)* ist eine Glühwürmchengrotte, die nur mit dem Schiff in einer halben Stunde von Te Anau aus zu erreichen ist. Glühwürmchen sind Larven einer Mückenart. Sie locken mit ihren Leuchtfäden Insekten an, um sie zu verspeisen. *Real Journeys (tgl. 10.15, 14, 16.30, 17.45, 19 und 20.15 Uhr | 79 NZ$ | Tel. 0800 656501 | www.realjourneys.co.nz)*

FREIZEIT & SPORT

WANDERUNGEN

Für Wanderer und Naturliebhaber ist die ursprüngliche Wildnis die ideale Landschaft. Der ★ *Milford Track (ca. 162 NZ$ alle 3 Hütten, kann im Voraus mit Kreditkarte bezahlt werden)* ist der beliebteste Weg – und ziemlich frequentiert. Geführte Touren sind teuer, auch Individualwanderer müssen zahlen und sich Wochen zuvor schriftlich beim *Fiordland National Park Visitor Centre (Tel. 03 2497924 | greatwalksbooking@doc.govt.nz | www.greatwalks.co.nz)* in Te Anauanmelden. Der 54 km lange Weg erfordert gute Kondition. Wandern Sie sechs Stunden täglich, ist er in vier Tagen (3 Übernachtungen) zu bewältigen. Der Track, der eine märchenhafte Landschaft bietet – u. a. führt er an den *Mirror Lakes* vorbei, in deren glatter Oberfläche sich die Bergwelt spiegelt – beginnt am Glade House (nördliches Ende des Lake Te Anau) und endet in Milford *(Geführte Tour: 5 Tage mit Hüttenübernachtung | ab ca. 2030 NZ$ | www.ultimatehikes.co.nz)*. Alternative: der in drei Tagen (39 km) zu bewältigende *Routeburn Track*. Er beginnt bei Glenorchy (Lake Wakatipu), endet 30 km vorm Milford Sound und führt durch eine faszinierende Bergwelt. Beste Wanderzeit: Nov.–März. Auch Tagestouren sind möglich, z. B. mit *Ultimate Hikes (ca. 199 NZ$ | www.ultimatehikes.co.nz)*.

ÜBERNACHTEN

FIORDLAND LODGE

Im gemütlichen Blockhausstil gestaltete Lodge mit Blick auf den See und kleinem Restaurant. *10 Zi. | 472 Te Anau Milford Highway | ca. 10 Fahrmin. von Te Anau | Tel. 03 2 49 78 32 | www.fiordlandlodge.co.nz* | €€€

TOP 10 HOLIDAY PARK MOUNTAIN VIEW

Zentral gelegener Campingplatz an der Seeuferstraße. Sehr beliebt, Platzreservierung empfehlenswert. *128 Te Anau Terrace | Tel. 03 2 49 74 62 | www.teanautop10.co.nz* | €

AUSKUNFT

FIORDLAND NATIONAL PARK VISITOR CENTRE

Informations- und Reservierungsstelle für Wanderungen. *Lakefront Drive | Te Anau | Tel. 03 2 49 79 24 | www.greatwalks.co.nz*

TE ANAU I-SITE

Lakefront Drive | Tel. 03 2 49 89 00 | www.fiordlandnz.com, www.fiordland.org.nz
Wer sein Fahrzeug sicher während einer längeren Wanderung abstellen will, bucht in Te Anau einen Platz über *www.saferparking.co.nz (Campervan ca. 9 NZ$/Tag | Tel. 03 2 49 71 98)*.

ZIELE IN DER UMGEBUNG

INSIDER TIPP DOUBTFUL SOUND

(152 A3) *(A15)*

Die knapp 7-stündige, herrliche Tour führt über den Lake Manapouri, mit 450 m tiefster und für viele auch schönster See Neuseelands, zum Doubtful Sound. Am Westarm des Sees kann das Kraftwerk besichtigt werden, dessen gigantische Maschinenhalle sich 200 m unter der Erdoberfläche befindet und das fast sämtliche Energie an die Aluminiumhütte in Bluff abgibt. Buchung: *Real Journeys (265 NZ$ ab Te Anau | Lakefront Drive | Te Anau | Tel. 0800 65 65 01)*

MILFORD SOUND ★

(152 B2) *(B14–15)*

Der 1692 m hohe *Mitre Peak* ist das bekannteste Fotomotiv des Milford Sound. Bootstouren von rund anderthalb Stunden führen durch den 16 km langen Fjord bis zur Tasman Sea, vorbei an den mächtigen Bowen-Wasserfällen, den Robben-

und Pinguinkolonien, begleitet von Delfinen. Ein Blick unter Wasser lohnt sich ebenfalls: Das *Milford Discovery Centre and Underwater Observatory* in *Harrison Cove* führt Sie 8 m tief in das Reich roter Korallen und Seepferdchen und demonstriert eindrucksvoll den dunklen Lebensraum des Fjords. *Southern Discoveries*, *Mitre Peak Cruises* und *Real Journeys* steuern die Station als Bestandteil einiger Milford-Sound-Touren an. Sehr belebt sind die Touren zwischen 11 und 14.30 Uhr.

Etwa zweieinhalb Stunden dauert die Autofahrt von Te Anau nach Milford (rund 100 km). Auf der wohl schönsten Bergstrecke Neuseelands passiert man die *Mirror Lakes* und den düsteren 1,2 km langen *Homer Tunnel,* hinter dem das Wetter oft schlagartig wechselt. Hier stoppen fast alle Touristen, um die frechen, aber liebenswürdigen Bergpapageien, die Keas, zu füttern. Eine Unsitte, die den Tieren schlecht bekommt.

Für eilige Touristen gibt es von *Air Milford (ca. 570 NZ$)* die Coach-Cruise-Fly-Tagestour ab Queenstown: mit dem Bus (ab 6.30 Uhr) nach Milford Sound, von dort Bootstour durch den Sound und dann mit dem Flugzeug zurück nach Queenstown (an 16.30 Uhr). Beim selben Anbieter bucht man den beliebten Hin- und Rückflug ab Queenstown *(Air Milford | Dauer des Ausflugs 4 Std., inkl. 90-min. Schiffstour im Sound | ca. 500 NZ$ | Tel. 0800 46 22 52 | www.airmilford.co.nz)*. Die Flüge sind stark wetterabhängig und werden oft erst 90 Min. vor Abflug bestätigt. Auch ● INSIDER TIPP Kabinenboote fahren in den Fjord, etwa die *Milford Wanderer (430 NZ$ | ab Te Anau)*, und *Milford Mariner (ca. 350 NZ$ | ab Te Anau)*, beide zu buchen über *Real Journeys (www.realjourneys.co.nz)*. Außer der *Milford Sound Lodge (www.milfordlodge.com)*, einer einfachen Backpacker Lodge mit Wohnmobilplätzen, gibt es am Milford Sound keine weiteren Übernachtungsmöglichkeit.

Von beeindruckender Schönheit ist der Milford Sound über, aber auch unter Wasser

ERLEBNISTOUREN

1 NEUSEELAND PERFEKT IM ÜBERBLICK

START: ① Auckland
ZIEL: ㉙ Christchurch

Strecke:
➡ 4000 km

22 Tage
reine Fahrtzeit
64 Stunden

KOSTEN: ca. 4500 Euro (Inlandsflug, Fähre, Mietwagen inkl. Vers., Benzin, Übernachtung, Essen/Trinken, Ausflüge)

ACHTUNG: Auch kürzere Etappen können auf den teils kurvenreichen Straßen Neuseelands viel Zeit in Anspruch nehmen.
Wer mag, hängt noch einen 23. Tag für die Zugfahrt mit dem **Coastal Pacific** von ㉙ **Christchurch** nördlich die Küste hinauf nach **Kaikoura** → S. 92 zur Walbeobachtung und zurück dran.

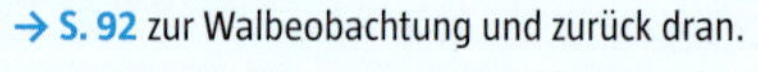

Jeder Zipfel dieser Erde hat seine eigene Schönheit. Wenn Sie Lust haben, die einzigartigen Besonderheiten dieser Region zu entdecken, wenn Sie tolle Tipps für lohnende Stopps, atemberaubende Orte, ausgewählte Restaurants oder typische Aktivitäten bekommen wollen, dann sind diese maßgeschneiderten Erlebnistouren genau das Richtige für Sie. Machen Sie sich auf den Weg und folgen Sie den Spuren der MARCO POLO Autoren – ganz bequem und mit der digitalen Routenführung, die Sie sich über den QR-Code auf S. 2/3 oder die URL in der Fußzeile zu jeder Tour downloaden können.

Erleben Sie Neuseelands Vielfalt von Nord nach Süd mit aufregenden Abstechern zu schroffen Klippenküsten, tiefgründigen Fjorden, fauchenden Geysiren und der üppig grünen Wildnis naturbelassener Regenwälder. Zwischendurch bleibt Zeit für erholsame Muße: an feinsandigen Traumstränden, verträumten Seeufern – oder auf einem idyllischen Weingut bei einem Glas fruchtigem Sauvignon Blanc.

Start ist **1 Auckland** **→ S. 33**, wo der **Auckland Hop On Hop Off Explorer Bus** Sie bequem zu den Hauptsehenswürdigkeiten chauffiert. Verpassen Sie nicht die grandiose Aussicht vom **Sky Tower**. Abends essen Sie sicherlich gut im

Bild: Blick auf die Silhouette Aucklands

America's Cup Village. Gelegenheit, noch ein wenig an der hübschen Waterfront bis zum Wynyard Quarter entlangzuschlendern. Am nächsten Tag lassen sich die Eindrücke in Neuseelands Metropole noch vertiefen.

TAG 3–4

283 km

2 Paihia

6 km

3 Russell

6 km

Sie fahren über die markante Harbour Bridge nach Norden – mit einem Umweg vorbei an den herrlichen Stränden der Tutukaka Coast und erreichen abends **2 Paihia** **→ S. 50** in der malerischen **Bay of Islands**. Wunderschöne Aussicht bieten die **Blue Pacific Quality Apartments**, wo sie sich für zwei Nächte einmieten. Der nächste Tag ist gefüllt mit anschaulichem Geschichtsunterricht: ein Bootsausflug in das alte Siedlerdorf **3 Russell** **→ S. 53** und ein

Besuch der eindrucksvollen ④ **Waitangi Treaty Grounds** → S. 50. Um uralte Baumriesen im ⑤ **Waipoua Kauri Forest** → S. 54 zu bestaunen, **fahren Sie hinüber an die Westküste**. Von dort geht es in den Süden zurück nach ⑥ **Auckland**. Nutzen Sie den Abend für Dinner und Nightlife im Szeneviertel um die **Ponsonby Road**.

Heute fahren Sie nach Süden aus der Stadt heraus und folgen dem abzweigenden SH2 zur ⑦ **Coromandel-Halbinsel** → S. 40. Für die Mittagspause liefert die **Coromandel Oyster Company** im alten Goldgräberdorf **Coromandel** Leckerbissen aus eigener Zucht. Den Nachmittag verbringen Sie an der Ostküste. Wenn das Wetter mitspielt, am Traumstrand der **Cathedral Cove** und/oder – je nach Tide – am irrwitzigen **Hot Water Beach**. Strandnaher Übernachtungsplatz ist hier das **Hahei Holiday Resort**.

Morgens noch ein kurzer Strandbesuch, **dann führt der küstennahe Highway 25 zunächst nach Waihi**, wo die riesige Goldmine ⑧ **Martha Mine** → S. 42 von Reichtümern in der Erde zeugt. **Und weiter nach Tauranga**, zur Mittagspause mit leckeren Fish & Chips vom ⑨ **Fresh Fish Market** → S. 59. Bei der Ankunft in ⑩ **Rotorua** → S. 54 bleibt noch Zeit für ein wohliges Bad im **Polynesian Spa** direkt am Ufer des Lake Rotorua. Am nächsten Tag steht das interessante **Rotorua Museum** auf dem Programm, dann der lohnende Ausflug zu den phantastischen Thermallandschaften des **Waimangu Volcanic Valley**. Zurück in Rotorua essen Sie sich beim **Hangi** im **Whakarewarewa (Te Puia)** satt und erleben unterhaltsame Maori-Folklore.

Am Morgen wird der Mietwagen abgegeben, bevor das Flugzeug Richtung ⑪ **Wellington** → S. 63 abhebt. Flanieren Sie in der eleganten Hauptstadt Neuseelands über den **Lambton Quay**, die zentrale Haupteinkaufsstraße, zur **Cable Car**, die mit Ihnen hinaufsteigt zum Aussichtspunkt an den **Botanic Gardens**. **Wieder unten gehen Sie durch die gepflegte Parkanlage und landen mitten im Regierungsviertel**, Tagungsort des **New Zealand Parliament**. Verbringen Sie den Abend an der schönen Waterfront, wo eine ganze Reihe guter Restaurants mit Aussicht zum Dinner einlädt. Reservieren Sie den nächsten Vormittag für das außergewöhnliche Nationalmuseum **Te Papa Tongarewa**. Wer die Fähre zur Südinsel am frühen Nachmittag nimmt, bekommt die anmutige Küstenlandschaft der **Marlborough Sounds** → S. 92 im Hellen geboten und kann an

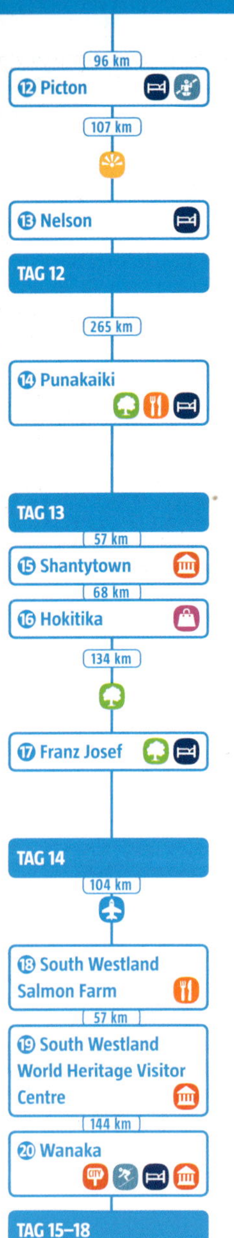

Bord einen späten Lunch einnehmen. Übernachten Sie in ⑫ **Picton → S. 91**. Nach einer halbtägigen INSIDER TIPP Kajaktour durch den malerischen **Queen Charlotte Sound** übernehmen Sie am nächsten Tag den Mietwagen und **fahren über die Panoramastrecke des Queen Charlotte Drive nach** ⑬ **Nelson → S. 87**.

Am Morgen geht es über den SH 6. Vor Westport schlängeln Sie sich durch die schroffe, streckenweise enge Buller-Schlucht an die West Coast zur schäumenden Brandung der Tasmanischen See. Bald nähern Sie sich den pittoresk geformten Kalksteinfelsen der **Pancake Rocks** bei ⑭ **Punakaiki → S. 85**. Der schönste Schlafplatz weit und breit, nach hoffentlich beeindruckendem Sunset, ist das **Punakaiki Resort** *(57 Zi. | am SH 6 | Tel. 0800 70 67 07 | www.punakaiki-resort.co.nz | €€€)* mit Restaurant.

Folgen Sie weiter dem SH 6. Bei Greymouth hält das niedliche Freilichtmuseum ⑮ **Shantytown → S. 84** die Erinnerung an vergangene Goldgräberzeiten wach. ⑯ **Hokitika → S. 85** lebt vom *Greenstone*, grüner Jade, und von den vielen Touristen, die in dem Städtchen auf Souvenirjagd gehen. Schauen Sie doch mal bei **Tectonic Jade** rein. Anschließend erreichen Sie, **nach einer Fahrt durch die einzigartige Regenwaldlandschaft der West Coast**, vermutlich erst am frühen Abend ⑰ **Franz Josef → S. 80** mit seinem beeindruckenden **Gletscher** und dem **Westland National Park**. Ebenso naturnah wie umweltfreundlich übernachten Sie im **Te Waonui Forest Retreat**.

Stehen Sie früh auf für einen atemberaubenden Helikopter-Rundflug in eisige Gletscherhöhen – vorausgesetzt das Wetter spielt mit. Abfahrt spätestens gegen 12 Uhr, um an der ⑱ **South Westland Salmon Farm** *(am SH 6 | Tel. 03 7 51 08 37 | www.salmonfarm.co.nz)* noch Lachs zum Lunch abzubekommen und vor dem Haast Pass die hervorragende Naturkundeausstellung im ⑲ **South Westland World Heritage Visitor Centre → S. 82** besuchen zu können. **Jenseits des Passes** erreichen Sie das sonnenverwöhnte Binnenland von Central Otago und ⑳ **Wanaka → S. 99** am gleichnamigen See. Hübsche Sommerfrische und gemütliches Wintersportidyll: Wanaka lässt Sie nicht so schnell los. Übernachten Sie hier.

Machen Sie morgens den Abstecher zum Ortsrand von Wanaka, wo **The Puzzling World** im wahrsten Sinne des

Pause in Picton – am liebsten mit Blick übers Wasser und auf die Fähren zur Nordinsel

Wortes verblüfft, **bevor am Nachmittag die Passstraße über die Crown Range nach ㉑ Queenstown** → S. 93 entführt– mit engen Serpentinen, tollen Ausblicken und dem fotogenen **Cardrona Hotel**. Drei Tage Queenstown! Sie dürfen sich königlich amüsieren, bei allerhand Abenteuern zu Land, Wasser und in der Luft. Das Angebot ist riesig, die Preise sind hoch, die Anforderungen an die Fitness unterschiedlich. Zwischendurch erholen eine nostalgische Seefahrt mit dem **T. S. S. Earnslaw** sowie ein wohl temperiertes Bad in den **Onsen Hot Pools**. Mindestens einen halben Tag sollten Sie für einen Ausflug zu den „Herr-der-Ringe"-Locations in **㉒ Glenorchy** → S. 98 veranschlagen. Die Wetterlage bestimmt, wann Sie einen Flug zum berühmten **㉓ Milford Sound** → S. 104 einschieben, ebenfalls ein halbtägiger, garantiert unvergesslicher Abstecher.

Über den SH 8 gelangen Sie an die Ostküste, nach Dunedin. Übernachten Sie auf der benachbarten **㉔ Otago Peninsula** → S. 80 im romantischen Ambiente von **Larnach Castle**. Zuvor haben Sie, praktisch vor der Tür, tierische Begegnungen mit Albatrossen (**Royal Albatross Colony**) und gegen 18 Uhr mit Pinguinen (**Penguin Place**). **Am nächsten Morgen dann Küstenfahrt Richtung Oamaru.** Halten Sie unterwegs an den einzigartigen **㉕ Moeraki Boulders** → S. 79, riesigen Felskugeln am Strand – ein Mysterium.

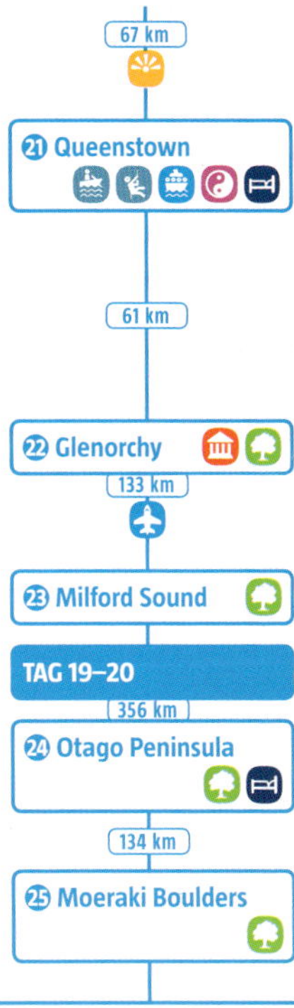

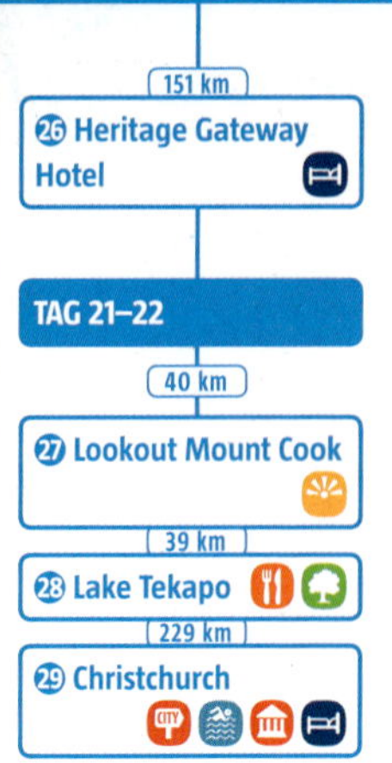

Der Highway 83 führt ins Inselinnere und zur Übernachtung in der ländlichen Siedlung Omarama im ㉖ **Heritage Gateway Hotel** *(98 Zi. | am SH 8 | Tel. 03 4 38 98 05 | www.heritagegateway.co.nz | €€)*.

Mit etwas Glück ist der Himmel heute wolkenlos und gibt **während der Fahrt auf dem SH 8** den Blick frei auf den **Aoraki Mount Cook**, Neuseelands höchsten Berg. Der beste Aussichtpunkt ist der ausgeschilderte ㉗ **Lookout Mount Cook** am rechten Rand des Highway auf dem Weg zum ㉘ **Lake Tekapo** → S. 70. Dort Mittagspause mit Picknick am malerischen Seeufer und schon beginnt der Endspurt. In ㉙ **Christchurch** → S. 71 füllt das Besichtigungsprogramm einen Tag, kaum mehr. Schuld ist das verheerende Erdbeben von 2011. Doch der Wiederaufbau der Stadt ist in vollem Gange. Lassen Sie sich überraschen vom neuen Christchurch und **fahren Sie über die Summit Road hinaus zum Lyttelton Harbour**. Übernachten Sie außerhalb im Seebad Sumner, z. B. im **Sumner Motel**, wo die Pazifikwellen sanft auf den Strand rollen. Am nächsten Tag bietet sich vor dem Abflug in Airport-Nähe noch Gelegenheit, das **International Antarctic Centre** zu besuchen.

2 EASTLAND – NEUSEELANDS WILDES OSTENDE

START: ① Opotiki
ZIEL: ⑮ Gisborne

Strecke: 425 km

3 Tage
reine Fahrzeit
9 Stunden

KOSTEN: ca. 460 Euro (Unterkunft, Verpflegung, Mietwagen, Benzin)
MITNEHMEN: Wanderschuhe, Regenjacke, Sonnenschutz, Badesachen

ACHTUNG: Teile der Tour liegen auf Maori-Land. Touristen sind willkommen, aber nicht überall. Befolgen Sie deshalb Schilder mit der Aufschrift „Betreten verboten!" (keep off!/no trespassing!/no entry!). Zum Besteigen des ⑩ **Mount Hikurangi** vorher die Erlaubnis im **Infozentrum Mount Hikurangi** *(1 Barrys Av. | Ruatoria | Tel. 06 8 64 90 04 | www.ngatiporou.com)* einholen

An der Westseite dunkle, mit Treibholz bedeckte Strände, im Osten helle Sandbuchten, dazwischen die in den Pazifik hinausragenden Klippen des East Cape: Der

Pacific Coast Highway (SH 35) führt durch eine der entlegensten Ecken der Nordinsel. Dort, wo die naturbelassene Einsamkeit aufhört, leben überwiegend Maori in kleinen Ansiedlungen – und glänzt die freundliche Küstenstadt Gisborne.

Dünenketten und Strände ohne Ende erwarten Sie gleich hinter Ihrem Startpunkt ❶ **Opotiki** *(www.opotikinz.com)*. **Nur wenig weiter erheben sich neben dem Pacific Coast Highway die terrassierten Hänge des ❷ Tirohanga Bluff.** Steigen Sie hinauf und entdecken Sie dort oben Spuren einer frühen Maori-Befestigungsanlage. **Etwas weiter nördlich an der Brücke über den Motu River** legt das ❸ **Motu River Jet Boat** *(Tel. 07 3 25 27 35 | www.moturiverjet.com)* zu rasanten, 90-minütigen Flussfahrten ab. **Anschließend geht es auf dem Highway weiter die Küste entlang.** Einsame Buchten bei Te Kaha, die Waihaui und Hick's Bay lohnen auf dem Weg eine Rast am Wasser. **Für einen Snack steuern Sie am besten nordöstlich von Opotiki ❹ Pacific Coast Macadamias** *(8462 Whanarua Bay | www.macanuts.co.nz)* an, eine kleine Nussplantage mit Café und Shop.

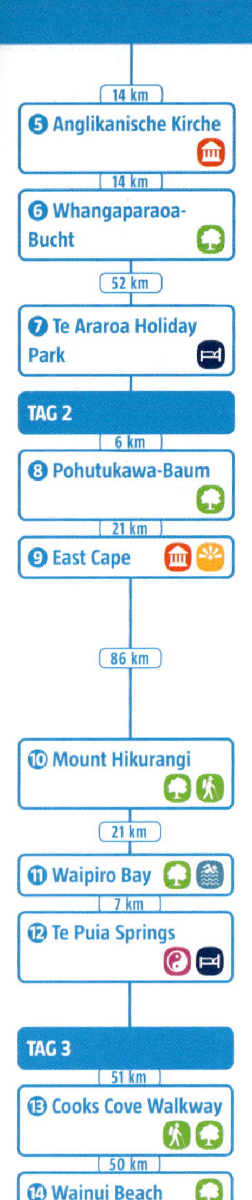

Weit vor dem Dorf Raukokore fällt die hübsche kleine, historische 5 **Anglikanische Kirche** mit spitzem Turm ins Auge: beliebtes Fotomotiv hier an der Küste. Sie dringen nun immer tiefer ein in Maori-Land. Mit der feinsandigen 6 **Whangaparaoa-Bucht** erreichen Sie den nördlichsten Punkt des Eastland. Weite Teile sind als Stammesland ausgewiesen, von dem „weder Sand noch Steine entfernt werden dürfen". Nahe dem East Cape übernachten Sie im 7 **Te Araroa Holiday Park** *(auch Motel u. Hütten | Tel. 06 8 64 48 73 | www.tearaoaholidaypark.co.nz | €)*.

Am nächsten Morgen starten Sie bereits im Dunkeln, **durch die verschlafene Maori-Siedlung Te Araroa, vorbei am** 600 Jahre alten und damit ältesten 8 **Pohutukawa-Baum**, **und weiter auf unbefestigter Straße zum östlichsten Punkt Neuseelands:** Das 9 **East Cape** markiert ein strahlend weißer Leuchtturm, 150 m über dem Meeresspiegel. Wer bei aufgehender Sonne oben in der ersten Reihe sitzen will, erklimmt 700 Stufen. An der Ostseite schlägt der Pacific Coast Highway enge Haken durch dicht bewaldetes Bergland. Wo sich die Täler zu weitem Farmland öffnen, formen schmucklose Häuser das Städtchen Ruatoria, Zentrum streitbarer Maori vom Stamm der Ngati Porou. Ihm gehört der 1754 m hohe 10 **Mount Hikurangi**, der nur mit Erlaubnis bestiegen werden darf. **Gen Süden** verliert die Küstenlinie langsam an Schroffheit, bis schließlich eine feinsandige Bucht der nächsten folgt. Die nur von einem Marae beseelte 11 **Waipiro Bay** lohnt einen Abstecher. Tagesabschluss bildet ein wärmendes Bad im Thermalwasser der 12 INSIDER TIPP **Te Puia Springs** *(am Hotel | Tel. 06 8 64 67 55)*, bevor Sie im angeschlossenen Hotel in die Federn fallen.

Am nächsten Tag biegen Sie in die Tolaga Bay ab, Start einer reizvollen Wanderung auf dem 2,6 km langen 13 INSIDER TIPP **Cooks Cove Walkway** zu pittoresk geformten **Höhlen**. Auf der weiteren Fahrt passieren Sie den wunderschönen 14 **Wainui Beach**, der nicht ahnen lässt, dass hier immer wieder Wale stranden und verenden. **In der Poverty Bay erreicht die Route** 15 **Gisborne** → S. 48, Zentrum eines kleinen, aber feinen Weinanbaugebiets. Süffige Kostproben hält das **Gisborne Wine Centre** *(50 The Esplanade | Shed 3 | www.gisbornewine.co.nz)* vorrätig. Und lassen Sie sich bei der **Kellerei Milton** zum Abschluss Ihrer Tour von „ehrlichem" Wein aus biologisch-dynamischem Anbau überzeugen.

3 PADDELSCHLÄGE AM REGENWALD

START: ❶ Park Café
ZIEL: ❶ Park Café

1 Tag
reine Paddelzeit
3 ½ Stunden

Strecke: ca. 13 km
Schwierigkeitsgrad: mittel

KOSTEN: Kajakmiete ca. 40, Proviant ca. 15 Euro
MITNEHMEN: Badesachen und -schuhe, wind- und regenfeste Jacke, Sonnenbrille, fest sitzende Kopfbedeckung, Sonnenschutzmittel, feste Schuhe, Proviant mit ausreichend Trinkwasser

ACHTUNG: Das Wetter an der Küste ist wechselhaft und kann schnell umschlagen. Erkundigen Sie sich nach Wind und Wellen!
Kajakverleih inkl. Ausrüstung: ❷ **Abel Tasman Kayaks**

Im Kajak kommen Sie der üppig grünen Küstenlinie des Abel Tasman National Park sportlich nah. Die Tour führt dicht vorbei an malerischen Sandbuchten, wie geschaffen für einen Badeaufenthalt. Während Wanderer sich auf dem überlaufenen Coastal Track in die Quere kommen, genießen Sie die erfrischende Brise auf dem Wasser und steuern ein einsames Plätzchen am Strand zum Picknick an.

08:00 Für den Tag auf dem Wasser sollten Sie sich mit einem kräftigen Frühstück stärken: Das ❶ **Park Café** am südlichen Eingang zum **Abel Tasman National Park** serviert in urigem Ambiente deftige Sattmacher, auch für Vegetarier. **Anschließend geht es Richtung Marahau Beach** zur Verleihstation ❷ **Abel Tasman Kayaks** *(Tel. 03 5 27 80 22 | www.abeltasmankayaks.co.nz)*. Für zwei Leute bietet sich auch ein Zweierkajak an. Proviant, Badesachen und sonstige Ausrüstung gehören in die wasserdichten Ladeluken des Kajaks. Bei der Übernahme werden Schwimmwesten, Spritzdecken und Fußsteuerung an ihre Statur angepasst. Noch ein paar Trockenübungen für unerfahrene Paddler, das Boot auf den Anhänger – und los geht's die paar Meter zum Strand der ❸ **Sandy Bay**, wo Ihr Kajak zu Wasser gelassen wird.

Sie paddeln nun los in nördlicher Richtung, links passieren Sie das Dickicht des Regenwaldes und rechts zieht Adele Island an Ihnen vorbei. **Im Windschatten der kleinen Insel nimmt das Kajak nun richtig Fahrt auf.** An dem Küstenstrich vor Ihnen liegen kuschelige Sandbuchten aufgereiht wie an einer weißen Perlenkette: Appletree Bay und Stilwell Bay.

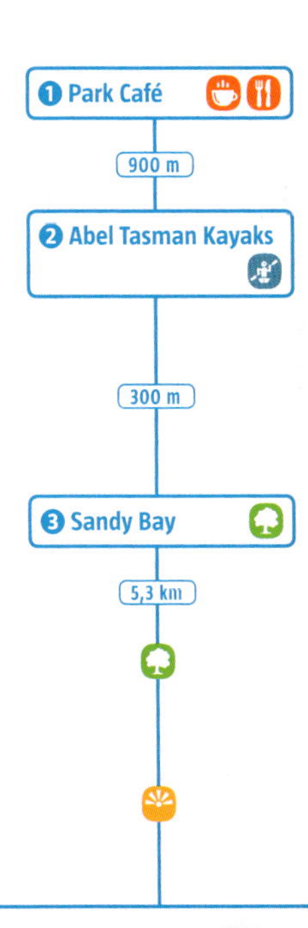

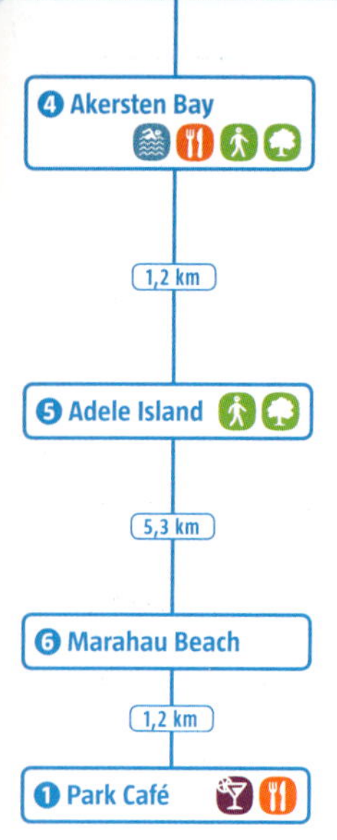

12:00 **Sie paddeln weiter und nehmen Kurs auf die nördlich angrenzende 4 Akersten Bay.** Der Strand ist garantiert nicht so bevölkert wie die größeren Buchten weiter nördlich. Ein super Sonnenplatz zum Baden, Dösen und Picknicken, denn mittlerweile ist es Mittag und Seeluft macht hungrig. Anschließend bleibt noch Zeit für einen Spaziergang durchs schattige Unterholz des Nationalparks. Treten Sie spätestens gegen 14 Uhr die Rückfahrt an. Wenn Sie Glück haben, begleiten verspielte Delfine Ihr Boot. Eine kurzer Landgang über **5 Adele Island** – leider ist es noch zu früh für die niedlichen Blue Penguins, die hier abends ihre Nistplätze aufsuchen. **Dann paddeln Sie fern der Küste geradewegs auf Marahau Beach zu**, in der Regel mit kräftigem Rückenwind, der an sonnigen Nachmittagen vom Meer aufs Land weht. Wetten, dass der Kajakvermieter mit seinem Trailer bereits am **6 Marahau Beach** auf Sie wartet?

17:00 Zu Apéritif und Dinner kehren Sie wieder im **1 Park Café** ein. Dort können Sie Erlebnisse austauschen mit den vielen Besuchern, die zu Fuß in dem Nationalpark unterwegs waren, und beim Studieren der Speisekarte Appetit bekommen, z. B. auf ungarisches *Beef Goulash*, nach einem Rezept von Yirka, dem aus Tschechien stammenden Gastwirt.

Und zwischendurch am Strand die Beine vertreten: Adele Island

4 NOSTALGIEROUTE: MIT ZUG UND RAD DURCH OTAGO

START: ❶ Dunedin Railway Station
ZIEL: ⓮ Clyde

Strecke: 230 km
Schwierigkeitsgrad: mittel

4 Tage
reine Fahrtzeit
14 Stunden

KOSTEN: Zugticket ca. 55 (Pukerangi) bzw. 68 Euro (Middelmarch), Fahrradmiete ca. 100 Euro, Unterkunft/Verpflegung ca. 300 Euro
MITNEHMEN: Fernglas, Taschenlampe, Kartenmaterial, Sonnenschutz, Insektenschutz, Badezeug, nachfüllbare Trinkflasche

ACHTUNG: Radvermietung (am besten Mountainbikes) ab Dunedin: Otago Cycle Hire *(Tel. 0800 27 33 25 | www.otagocyclehire.co.nz)*
Die ❷ Taieri Gorge Railway bedient Middlemarch nur im Sommer freitags und sonntags.
Shuttlebusse verschiedener Anbieter *(z. B. unter www.otagorailtrail.co.nz)* bringen Radler und Gefährt zurück nach Dunedin.

Abseits der Hauptstraßen entführt diese Tour ins dünn besiedelte Hochland von Central Otago, „Big Sky Country" genannt. Verträumte Ansiedlungen halten das Andenken an die reichen Goldfunde im 19. Jh. wach, kleine Bahnhöfe erinnern an die Pionierzeit der Eisenbahn. Überbleibsel der einstigen Zugverbindung zur Küste nutzen heute die Taieri Gorge Railway für spektakuläre Zugfahrten sowie der Otago Central Rail Trail als Trasse für Wanderer, Reiter und Radfahrer.

Schauen Sie sich den schwarz-weißen Neorenaissancebau der ❶ **Dunedin Railway Station** → S. 76 an, bevor Sie in den Nostalgiezug der ❷ **Taieri Gorge Railway** → S. 78 steigen. Eisenbahn- und Frischluftfans sind hinter Schiebefenstern und auf Aussichtsplattformen der alten Heritage Carriages aus den 1920er-Jahren besser aufgehoben als in klimatisierten Panorama Carriages. Ihre Fahrräder werden kostenlos befördert. Bald dringen die Waggons mit gedrosseltem Tempo in das naturbelassene Bergland entlang des Taieri-Flusses vor. Immer aufwärts, durch knapp bemessene Tunnelröhren und über staksige, bisweilen atemberaubend filigran wirkende Brückenkonstruktionen wie den Wingatui-Viadukt schiebt sich der Zug, bis er nach 2,5 Std. ❸ **Pukerangi** erreicht, eine winzige Bahnstation in der Weite der Landschaft. Nur im Sommer fährt der Zug freitags und sonntags weiter bis ins kleine ❹ **Middlemarch**, wo Sie 200 m vom Bahnhof direkt in den ❺ **Otago Cen-**

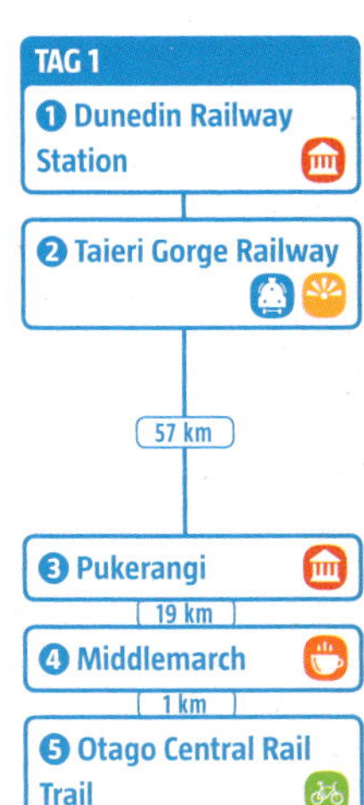

Stopp and go auf dem Otago Central Rail Trail – wo ein schöner Aussichtspunkt den nächsten jagt

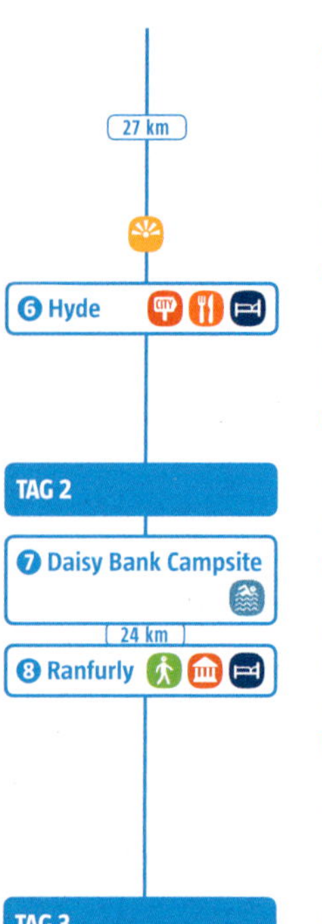

tral Rail Trail *(www.otagorailtrail.co.nz)* einsteigen. **Wer in Pukerangi aussteigen muss, radelt die 19 km bis Middle-march über den Highway.** Stärken Sie sich mit einem Kaffee in Middlemarch, bevor es auf den Radweg geht. **Ihre erste Fahrradetappe auf gut präparierter Schotterstrecke mit Blick auf die Rock and Pillar Mountains endet im Dörfchen** **6 Hyde**, einem alten Goldgräberort, wo stillgelegte Gleise zu angerosteten Waggons neben dem leer stehenden Bahnhof führen. Übernachten und speisen Sie in der alten, restaurierten Schule, der **Hyde School Accomoda-tion & Eatery** *(5 Zi. | Tel. 03 4 44 40 37 | www.hydeschool.co.nz | €€)*.

Morgens geht es wieder auf die mit Tunneln und Brücken bestückte Radpiste. Unterwegs können Sie an der **7 Daisy Bank Campsite** vor Kokonga eine Badepause im Taieri-Fluss einlegen. Charmanten Kleinstadtkomfort beschert Ihnen dann **8 Ranfurly**. Die selbsternannte Art-déco-Oase hat es mit dem *Art-déco-Weekend* im Februar zu bescheidener Berühmtheit gebracht und bietet im hübschen **Ranfurly Hotel** *(10 Zi. | 10 Charlemont Street | Tel. 03 4 44 91 40 | €€)* einfaches Quartier. In der schmucken alten *Railway Station* hält die **Touristeninfo** die Broschüre für einen Art-déco-Spaziergang bereit.

Am dritten Tag radeln Sie auf dem Trail bei **9 Wedderburn** auf 618 m hoch: Die höchste Stelle des Rail Trail ist hier erreicht mit tollem Blick über die weite Maniototo-Ebene. **Und kurz darauf überqueren Sie 45 Grad südlicher Breite.** Ein Denkmal markiert die Stelle. In dörflicher Idylle bewahrt **Oturehua** einen urigen, über 100 Jahre alten

⑩ **Kramladen**, der einen Blick wert ist. **Gute 20 km weiter** finden Sie wieder eine alte Schule, die in eine behagliche Unterkunft verwandelt wurde: ⑪ **Lauder School B & B** *(Dinner möglich | 10 Zi. | Tel. 03 4 47 30 99 | www.lauderschool.co.nz | €)*.

Am nächsten Morgen liegen schroffes Bergland und damit der aufregendste Abschnitt des Trails vor Ihnen, unterbrochen von Viadukten und Tunnels (Taschenlampe nicht vergessen!). Erst die Brücke über den Manuherikia River gibt den Weg wieder frei in liebliches Farmland. **In Omakau lohnt der nur 2 km lange Abstecher nach** ⑫ **Ophir**, einer malerischen Ansiedlung aus Goldsuchertagen. Eine gute Gelegenheit für eine Kaffeepause ist **Pitches Store** *(im Sommer tgl. ab 10 Uhr | 45 Swindon Street | www.pitches-store.co.nz)*. Zum Lunch sollten Sie in ⑬ **Alexandra** sein. Das von mediterranem Klima umschmeichelte einstige Goldgräber-Städtchen bietet gastronomisch allerhand. Zu empfehlen: **Craterscapes Garden Gallery and Café** *(12 Ennis Street | Tel. 03 4 48 72 90)*. ⑭ **Clyde** → S. 98 markiert das Ende des Rail Trail. Die niedliche Ansiedlung, erfüllt von Erinnerungen an reiche Goldfunde, empfängt mit einem sehenswerten **Railway Museum** im alten Bahnhofsgebäude und behaglichen Zimmern im historischen **Dunstan Hotel** *(15 Zi. | 35 Sunderland Street | Tel. 03 4 49 28 17 | www.dunstanhotel.co.nz | €)*.

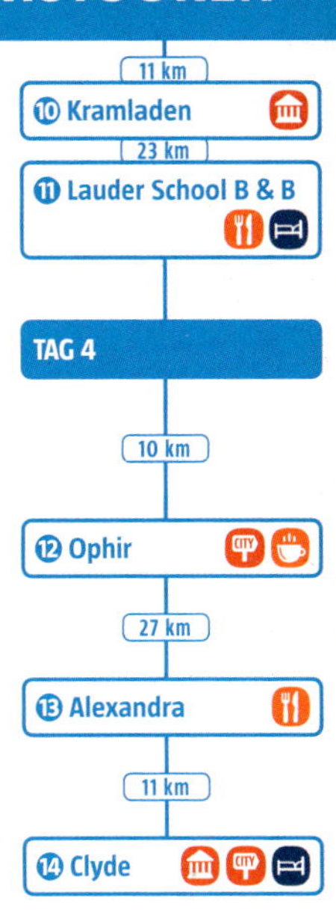

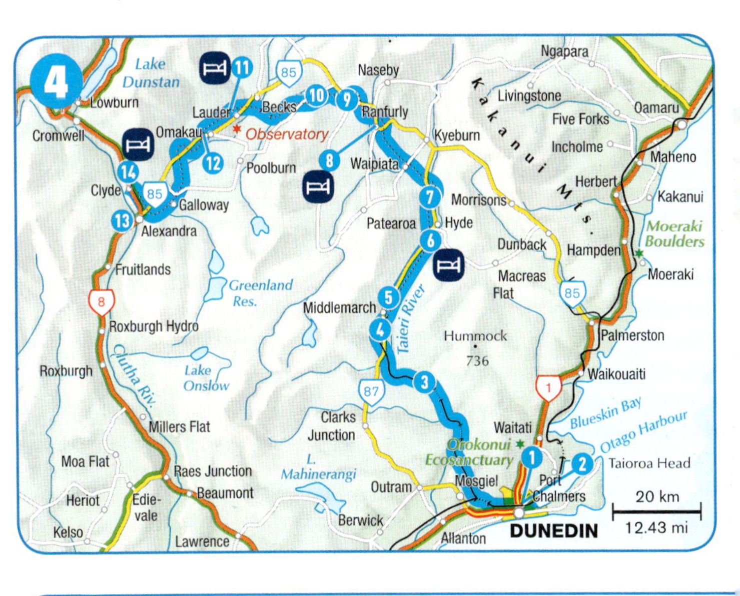

SPORT & WELLNESS

Bei dieser Vielfalt kommen selbst Sportmuffel nicht umhin, sich körperlich zu betätigen. Sie können eine ruhige Kugel über einen schönen Golfplätze schieben, schweißtreibende Mountainbiketouren unternehmen oder sich am Tandemgleitschirm bzw. Bungyseil einfach fallen lassen. Ein paar Anregungen:

GOLF

Der neuseeländische Volkssport ist auch für Touristen ein günstiges Vergnügen *(Greenfee 20–45 NZ$/Person, auf exklusiven Plätzen wie Millbrook bei Arrowtown ca. 140 NZ$)*. Zu den reizvollsten der über 400 Golfplätze zählen der auf einer Halbinsel im Lake Wakatipu liegende INSIDER TIPP *Kelvin Heights Golf Course (759 Peninsula Road | Kelvin Heights | Tel. 03 4 42 91 69)* bei Queenstown, der zwischen Thermalquellen zu bespielende *Arikikapakapa Course (Tel. 07 3 48 40 51)* in Rotorua und der aussichtsreiche *Waitangi Course (Tau Henere Drive | Tel. 09 4 02 77 13)* oberhalb der Bay of Islands und der von Sanddünen umgebene Platz in *Paraparaumu (376 Kapiti Road | Tel. 04 9 02 82 00)* bei Wellington. Infos unter *www.golf.co.nz, www.bestofgolfnewzealand.com*

KAJAK- & KANUFAHREN

In die menschenleere Wildnis des *Whanganui National Park* führt der Whanganui River. Touren mit Mietkanus ab Owhango bietet *Wades Landing Outdoors (Tel.*

 Bild: Reiter überqueren den Arrow River

Der reizvollste Sportplatz der Welt: Neuseeland bietet viel Freiraum für Naturliebhaber, Wasserratten und Abenteurer

06 8955995). Durch die Buchten des *Abel Tasman National Park* (s. S. 89) führt ab Marahau Beach *Abel Tasman Kayaks (Tel. 03 5278022)*. In luftgefüllten Kanus lässt sich die idyllische Einsamkeit auf dem *Dart River (Tel. 03 4427374 | Bustransfer ab Queenstown)* bei *Glenorchy* erleben.

LAUFEN & JOGGEN

Running hält ganz Neuseeland auf Trab. Ob frühmorgens den Strand entlang, in der Mittagspause auf Parkwegen oder nach Dienstschluss. Wem Joggen allein nicht reicht, der kann an einem der allgegenwärtigen Laufwettbewerbe teilnehmen. Für die meisten gilt: je extremer, desto populärer *(www.coolrunning.co.nz, www.runningcalendar.co.nz)*.

MOUNTAINBIKING & RADFAHREN

Eine von der Regierung mitfinanzierte Initiative baut unter der Bezeichnung *Nga*

Haerenga ein attraktives Radwegenetz übers ganze Land aus *(www.nzcycletrail.com)*, das Cycling auch für Besucher immer attraktiver macht. *NZ Pedaltours (www.pedaltours.com)* in Auckland organisiert mehrtägige Bustouren, bei denen Sie nur auf den reizvollsten Abschnitten radeln. Mehrtägige geführte Radtouren ab Christchurch offeriert *Pacific Cycle Tours (Tel. 03 3 29 99 13 | www.bike-nz.com)*. Die Südinsel bietet anspruchsvolle Mountainbiketrips: z. B. individuell für erfahrene Biker auf dem INSIDER TIPP *Queen Charlotte Track (März–Nov. | Marlborough Sounds Adventure Company | Tel. 03 5 73 60 78)* durch die Marlborough Sounds oder geführt in die Skippers-Goldgräberschlucht bei Queenstown; über *Vertigo (Buchungen über Information & Track Centre | 4 Brecon Street | Tel. 0800 8 37 84 46 | www.vertigobikes.co.nz)*. Besonders schön ist der *Otago Central Rail Trail* (s. S. 118). Zügig und abseits von State Highways ausgebaut werden soll jetzt auch der spektakuläre Radweg von den Südalpen (Mount Cook Village) über Omarama und Duntroon bis zur Ostküste (Oamaru). Für die ca. 300 km lange Strecke benötigt man bei durchschnittlicher Kondition ca. 5 Tage. Infos unter *www.alps2ocean.com*. Infos und Buchungen unter *www.otagorailtrail.co.nz*. Achtung: In Neuseeland gilt Helmpflicht für Radfahrer!

REITEN

Orts- und pferdekundige Guides von *Backcountry Saddle Expedition (am SH 83 | Tel. 03 4 43 81 51 | www.backcountrysaddles.co.nz)* im Cardrona Valley zwischen Wanaka und Queenstown bieten Ausritte (auch Anfänger) über die Southern Alps an. Ebenfalls anfängertauglich sind geführte Ausritte über den strahlend weißen Sand des *Wharariki Beach* in der Golden Bay mit *Cape Farewell Horse Treks (Tel. 03 5 24 80 31 | www.horsetreksnz.com)*.

SEGELN

Topsegelrevier ist die *Bay of Islands* mit kräftigem Wind, aber vielen geschützten Buchten. Beliebt ist auch die Route zwischen Auckland und der Bay of Islands. Infos unter *www.charterguide.co.nz*
Wer nur einen Tag auf dem Wasser verbringen will, hisst die Segel auf dem *Lake Taupo*. Ausgangspunkt ist Taupos Hafen, wo die Yachten auf Kundschaft warten.

SKILAUFEN

Wer im neuseeländischen Winter (Juli–Sept.) *down under* landet, für den heißt es Schnee und Rodeln gut am *Ruapehu*, dem kommerziellen Wintersportgebiet der Nordinsel. Auf der Südinsel liegen bei Wanaka mit der *Waiorau Nordic Ski Area (www.snowfarmnz.com)* nicht nur die einzige Langlaufloipe des Landes, sondern in der Alpenregion auch die schönsten öffentlichen Skigebiete. Allen voran bei Queenstown *Coronet Peak* mit regelrechtem Skizirkus, *The Remarkables* und *Cardrona* mit anspruchsvollen Abfahrten. *Treble Cone* im Westen Wanakas bietet traumhafte Winteraussichten. Infos unter *www.nzski.com, www.lakewanaka.co.nz, www.whakapapa.co.nz, www.snow.co.nz, www.newzealand.com/in/skiing*

SURFEN & WINDSURFEN

Die Küsten der Südinsel sind für Surfboards bzw. kompaktere Boogieboards wie geschaffen, an der Nordinsel lässt sich besser windsurfen: z. B. vor *Oakura* bei New Plymouth, am *Piha Beach* im Westen Aucklands sowie am *Orewa Beach* an der Hibiscus Coast. Auf der

Südinsel wird *Sumner* bei Christchurch allen Surfern gleichermaßen gerecht. In der seichten Bucht von *Ferrymead* lässt sich vor allem Kitesurfing bestens üben; Kurse/Verleih: *East Coast Boardriding Co. Ltd (1091 Ferry Road | Tel. 03 3 84 37 88)*. Die jugendliche Surferszene findet man in *Raglan* an der Westseite der Nordinsel; Kurse/Verleih: *Raglan Surfing School (Tel. 07 8 25 78 73 | www.raglan.net.nz)*.

WANDERN

Detaillierte Wanderkarten und wichtige Auskünfte wie die Wettervorhersage erhalten Sie beim Departement of Conservation (DOC) *(www.doc.govt.nz)*. Hier müssen Sie sich auch für die populärsten mehrtägigen Wanderungen, die „Great Walks" *(www.greatwalks.co.nz)*, anmelden, z. B. für den *Abel Tasman Coastal Track*, den *Lake Waikaremoana Track*, den *Milford Track* und den *Routeburn Track*. In den Hütten an den Wanderwegen wird es manchmal eng – nehmen Sie am besten ein Zelt und Wasservorräte mit. Zum Wander-Marathon fordert der *Te Araroa – The long Pathway (www.teararoa.org.nz)* heraus, eine ca. 3000 km lange Verbindung bestehender Routen, die vom Cape Reinga im Norden bis nach Bluff an der Südspitze der Südinsel reicht.

WELLNESS

Dank aktiver Geothermik bietet Neuseeland für Wellness beste Voraussetzungen: Vielerorts sprudeln heiße Quellen aus dem Boden, speisen wohlig warme Thermalbäder, wo spezielle Massagen und kosmetische Anwendungen das Wellnessprogramm abrunden. Über 100 solcher *Hot Spots* listet *www.nzhotpools.co.nz* auf. Daneben gibt es inzwischen viele Spas und Poollandschaften, die zwar konventionell einheizen, dafür aber luxuriöses Ambiente und schickes Design bieten. Sogenannte *Health and Wellness Centre (www.tourism.net.nz)* sind in der Regel umweltfreundlich arbeitende Resorts, die Körper- und Schönheitsbehandlungen mit gesunder Verpflegung, Meditation, Yoga oder Pilates kombinieren – oft in landschaftlich reizvoller Lage, meist zu stolzen Preisen.

Reizvolle Radtouren bieten sich vielerorts an. Hauptsache, Sie denken an den Linksverkehr!

MIT KINDERN UNTERWEGS

In Neuseeland liegt die Geburtenrate mit durchschnittlich zwei Kindern pro Familie höher als in Mitteleuropa. Und bei den Maori spielen die Kinder traditionell die Hauptrolle in der Familie. Denn vor der Ankunft der Europäer hat nur die Nachkommenschaft die Existenz des Stammes sichern können.

So gut wie jedes Restaurant offeriert Kinderstühle und Kindermenüs. Spezielle Familienrestaurants halten die Kleinen mit Malutensilien und Spielecken bei Laune. Und keine Angst: An den Nebentischen guckt niemand missbilligend, nur weil Ihr Nachwuchs den Lärmpegel in die Höhe treibt. Wo es eine Damentoilette gibt, findet sich meist auch ein Wickeltisch. Das Aufwärmen des Fläschchens wird überall in der Gastronomie gern erledigt.

Verrückt sind die kleinen Kiwis nach Eis. Das gibt es an jeder Ecke, in jeder Geschmacksrichtung und Farbe, am liebsten schön sahnig. Ganz oben auf der Hitliste: die bis zu 180 Sorten von *Gourmet Ice Cream Co. (2 Awatea Street | Dunedin)*, *Kapiti Ice Cream* (in Supermärkten zu bekommen) sowie *Rush Munro's Ice Cream*, die seit Generationen die Kinder in *Rush Munro's Ice Cream Garden (Heretaunga Street West | Hastings)* bei Napier lockt.

Übernachten mit Kindern muss nicht zwangsläufig teuer sein. In vielen Hotel- und Motelzimmern stehen Zusatzbetten. Auch mit Mikrowelle ausgestattete Küchenzeilen sind keine Seltenheit. Auf den Campingplätzen haben Sie oft die Wahl zwischen *cabins* bzw. Bungalows mit mehreren Schlafplätzen. Wer

Spiel und Spaß im Kiwi-Land: Nach dem Langstreckenflug landen Familien in einem ausgesprochen kinderfreundlichen Land

im Wohnmobil reisen will, kann Campervans mit bis zu sechs Betten mieten. Kinder bis zwei Jahre müssen in Kindersitzen gesichert sein. Bis zum fünften Lebensjahr sind spezielle Sicherheitsgurte vorgeschrieben. Informieren Sie sich also frühzeitig bei Ihrer Autovermietung.

Die hygienischen und medizinischen Bedingungen sind mit denen in Europa vergleichbar. Hotels und Motels sichern ihre Swimmingpools mit hohen Einzäunungen ab. Und aufs Fahrrad darf, ob klein oder groß, jeder nur mit Plastikhelm.

Am anderen Ende der Welt muss noch mehr als anderswo darauf geachtet werden, die junge Haut vor der intensiven Sonneneinstrahlung zu schützen. Überall sind spezielle Badeanzüge erhältlich, die UV-Strahlen abhalten. Jetzt müssen Sie Ihren Kleinen nur noch einbläuen, womit Sie sich am Anfang vielleicht selbst schwer tun: dass man beim Linksverkehr vor Überqueren der Straße erst nach rechts, dann nach links schaut. Und dann steht dem Familienerlebnis Neuseeland nichts mehr im Weg.

NORDINSEL

AUCKLAND ZOO (146 B1–2) (*H–J5*)
Großzügige, zeitgemäße und gepflegte Gehege bieten Ihnen und Ihren Kindern im Westen der Stadt tierische Begegnungen der angenehmen Art. Und wenn die Kleinen vor Tigern, Löwen und anderen Raubtieren zurückschrecken, Elefanten aus den Zoos daheim ebenso kennen wie Affen oder Lamas, dann zeigen Sie ihnen gleich nebenan noch die friedfertige neuseeländische Fauna: handliche Tuatara-Echsen etwa, die wie lebendig gewordene Dino-Figuren anmuten, oder aber Kiwis, die sich im abgedunkelten Revier nur dann blicken lassen, wenn man die Augen offen hält und wirklich keinen Mucks sagt – zugegeben, eine echte Geduldsprobe für den Nachwuchs, die aber garantiert Eindruck hinterlässt. *Tgl. 9.30–17.30 Uhr | Erwachsene 28 NZ$, Kinder 12 NZ$ | Western Springs | Motions Road | www.aucklandzoo.co.nz*

HOT WATER BEACH (146 C1–2) (*K5*)
Was für ein Spaß: im weichen Sand tiefe Löcher graben, bis das heiße Wasser der natürlichen Thermalquellen durch den Sand aufsteigt. Erkundigen Sie sich nach den Gezeiten – nur bei Ebbe sind die Thermalquellen zugänglich. Beim Baden im Meer ist Vorsicht geboten: Wegen der starken Strömungen ist es nur sehr guten Schwimmern zu empfehlen. Info zur Tide: *Whitianga i-Site (Tel. 07 8 66 55 55 | www.whitianga.co.nz). Südl. von Hahei an der Ostküste der Coromandel Peninsula*

Auch mit zwei linken Händen mühelos zu schaffen: Do-it-yourself-Pools am Hot Water Beach

KELLY TARLTON'S SEALIFE AQUARIUM (146 B1–2) (*H–J5*)
Dank des durchsichtigen Acryltunnels tauchen die Kinder trockenen Fußes ein in die Unterwasserwelt des Südpazifiks – ohne dass ihnen die über den Köpfen kreisenden Haie und Mantarochen etwas anhaben können. Nebenan wird spielerisch und interaktiv Wissenswertes über

den Südpol vermittelt: z. B. echte Pinguine, die in ihrem Element angeschaut werden können. Zudem wird die antarktische Unterwasserwelt beleuchtet. *Tgl. 9.30–17 Uhr | Erwachsene 39 NZ$, Kinder 22 NZ$, bei Online-Buchung günstiger | Orakei Wharf | 23 Tamaki Drive | Auckland | www.kellytarltons.co.nz*

SPLASH PLANET (147 D6) *(🕮 K8)*
Aufwendig renoviert ist das Spaßbad ein wirklich spritziges Vergnügen in der sonnenverwöhnten *Hawke Bay*. Ihre Kinder haben die Auswahl unter Innen- und Außenpools, Riesenrutschen, Piratenburg mit Sprungbrettern, Kindereisenbahn, Minigolf, Beachvolleyball und und und ... *Sommer tgl. 10–18, Winter Sa/So sowie feiertags 10–17 Uhr | Erwachsene 28 NZ$, Kinder 18 NZ$ | 2 km außerhalb im Windsor Park | Grove Road | Hastings | www.splashplanet.co.nz*

VOLCANIC ACTIVITY CENTRE
(146 C4) *(🕮 K7)*
Ist man von so vielen speienden Kratern, siedenden Quellen und heißen Dämpfen umgeben wie im Innern der Nordinsel, sollte man Kindern schon erklären können, was es mit den vulkanischen Aktivitäten auf sich hat. Sie sind überfragt? Macht nichts. Freuen Sie sich gemeinsam mit dem Nachwuchs über einfallsreiche audiovisuelle Effekte, und lernen Sie dabei eine Menge über Erdbeben und Vulkanismus. *Tgl. 8.30–17 Uhr | Erwachsene 12 NZ$, Kinder 7 NZ$ | Wairakei Park Taupo | www.volcanoes.co.nz*

INSIDER TIPP **WAIHEKE ISLAND**
(146 B1) *(🕮 J5)*
Ein Badeausflug auf die von herrlichen Stränden umgebene Insel im Hauraki Gulf lockert das Besichtigungsprogramm ganz sicher auf. Egal ob Oneroa, Palm Beach oder Onetangi, Sand und Wellen machen Ihren Kindern überall gleich Spaß. An sonnigen Wochenenden kann es eng werden, wenn die Auckländer in Scharen auf die Insel „hüpfen". 35 Minuten dauert die Fährfahrt ab Ferry Building. *Fullers Cruise Centre (22 bzw. 36 NZ$ hin und zurück, Kinder 11/18 NZ$ | 99 Quay Street | Tel. 09 3 67 91 11 | www.fullers.co.nz)*. Mietwagen *(Tel. 09 3 72 86 35)* gibt's an der *Matiata Wharf*. Infos: *www.tourismwaiheke.co.nz*

SÜDINSEL

INSIDER TIPP **ANTIGUA BOAT SHEDS**
(151 D5) *(🕮 F13)*
An den schwarz-weiß gestrichenen Bootsschuppen werden auch geräumige Ruderboote vermietet, mit denen Sie mit Ihren Kindern gemütlich den Botanischen Garten Christchurchs durchqueren können. Es gibt auch ein Café. *Tgl. 10–16.30 Uhr | 35 NZ$/Std. | 2 Cambridge Terrace | Christchurch | www.boatsheds.co.nz*

THE LUGE (152 C3) *(🕮 C15)*
Bob's Peak bietet Action für Nachwuchs-Formel-1-Piloten: Lassen Sie Ihre Kinder (ab zehn Jahren) auf flinken Schlitten im Skyline Luge den Hügel hinunterrutschen. *Tgl. 10 Uhr bis zur Dämmerung | Erwachsene ab 45 NZ$, Kinder ab 34 NZ$ | Queenstown | www.skyline.co.nz*

THE PUZZLING WORLD ●
(153 D2) *(🕮 C14–15)*
Draußen brauchen die Kids eine Weile, um aus dem riesigen Irrgarten herauszufinden. Drinnen staunen sie über allerhand schräge Illusionen, die die Welt auf den Kopf zu stellen scheinen. Selbst an langen Regentagen kommt da keine Langeweile auf. *Tgl. 8.30–17 Uhr | Eintritt Erwachsene 16 NZ$, Kinder 12 NZ$ | 188 Wanaka Luggate Highway | Wanaka | www.puzzlingworld.co.nz*

EVENTS, FESTE & MEHR

Bloß nichts unter den Tisch fallen lassen: *Down under* wird mancher Feiertag, der auf einen Sonntag fällt, am folgenden Montag nachgefeiert. Ein echter Kiwi weiß zu feiern, was die Feste hergeben. Davon gibt es reichlich: ob in Sportverein, beim Wohltätigkeits- oder Schulfest, bei Barbecue oder *potluck dinner,* zu dem jeder Gast etwas zu essen mitbringt. Spätestens am *Labour Weekend* im Frühling trifft man sich zu Festen draußen. Dann hält die sportverrückten Neuseeländer einfach nichts mehr im Haus.

FESTE & VERANSTALTUNGEN

JANUAR

Buskers Festival: Gaukler aus aller Welt bieten in Christchurch zehn Tage lang kostenloses Straßentheater. *www.worldbuskersfestival.com*

Glenorchy Races: Pferderennen und Rodeo am Nordende des Lake Wakatipu. Ein deftiges Volksfest, zu dem Sie am besten Ihr eigenes Picknick mitbringen (1. Wochenende im Januar)

FEBRUAR

Speights Coast to Coast Triathlon: 238 km quer über die Südinsel: Laufen, Rad- und Kajakfahren. Zum Finish in Christchurch gibt's eine Strandparty im Vorort Brighton (oder Sumner) (Mitte Feb.).

Marlborough Wine and Food Festival: Das älteste der kulinarischen Festivals, Ende Februar, zählt zu den besten und beliebtesten. Es werden nur 12 000 Besucher zugelassen. Reservieren Sie Tickets! *www.marlboroughwinefestival.co.nz*

INSIDER TIPP ***Tremains Art-déco-Festival:*** Am dritten Februar-Wochenende schwelgt Napier im Stil der Goldenen Zwanziger – ein farbenprächtiges Straßenfest mit viel Musik und tollen Kostümen.

MÄRZ

INSIDER TIPP ***Wildfoods Festival:*** Der wein- und bierselige Jahrmarkt der Köstlichkeiten lockt am 2. Wochenende Zigtausende nach Hokitika. Und die berüchtigte „wild coast" wäre ihren Namen nicht wert, würden nicht auch „wilde" Sachen wie gegrillte Würmer aufgetischt.

Pasifika: Alle Inseln des Südpazifiks präsentieren sich auf dem großen Festival in Auckland mit gutem Essen, Kunsthandwerk und Südsee-Folklore. *aucklandnz.com/pasifika*

New Zealand International Festival of Arts: Drei Wochen lang währt das hochkarätige Kulturspektakel aus Theater,

Wein kosten und Würmer essen: Neuseeländer feiern am liebsten draußen – Picknick und etwas Exzentrik inbegriffen

Musik und Tanz, das in allen geraden Jahren in Wellington stattfindet.

WOMAD: Die Abkürzung steht für „World of Music, Arts & Dance"; ein Wochenende lang wird New Plymouth zur Künstlerhochburg mit Theater, Film und viel Musik in der Parkanlage der Brooklands. *www.womad.co.nz*

APRIL

Arrowtown Autumn Festival: Färbt der Herbst die Blätter, erblüht das Goldgräberstädtchen zu alter Pracht. Höhepunkt ist der nostalgische Umzug in historischen Kostümen.

JUNI/JULI

Winter Festival: Viel Pulver(schnee) wird verschossen, wenn Queenstown mit Trickski-Shows, Symphoniekonzerten im Schnee und Skulpturen aus Eis die Wintersportsaison eröffnet.

Matariki: Eine Art Erntedank- und Neujahrsfest der Maori mit vielen Veranstaltungen. *www.matarikifestival.org.nz*

NOVEMBER

INSIDER TIPP ***Rhododendron Festival:*** Über 100 Gärten in und um New Plymouth, darunter die *Pukeiti Gardens* (s. S. 45), präsentieren zwei Wochen lang ihre Blütenpracht.

FEIERTAGE

1. Jan.	*New Year*
6. Feb.	*Waitangi Day*
März/April	*Good Friday* (Karfreitag, Ostermontag)
25. April	*ANZAC Day* (Gedenktag für Kriegsopfer)
1. Mo im Juni	Geburtstag der englischen Königin
4. Mo im Okt.	*Labour Weekend* (Tag der Arbeit)
25. Dez.	*Christmas Day* (1. Weihnachtstag)
26. Dez.	*Boxing Day* (2. Weihnachtstag)

LINKS, BLOGS, APPS & CO.

LINKS & BLOGS

www.neuseelandhaus.de Außer Neuseeland-Produkten gibt es einen informativen Newsletter auf Deutsch, der vom Magazin *360° Neuseeland* geliefert wird

www.teara.govt.nz Neuseelands digitale Enzyklopädie, die sich langsam entwickelt. Wer sich nur für Geschichte interessiert, ist bei *www.nzhistory.net.nz* richtig

www.muzic.net.nz Live-Auftritte, Stars und Charts – wer die neuseeländische Musikszene kennenlernen will, wird ein Fan dieser Seite

www.organicexplorer.com Ökofans kommen hier auf ihre Kosten und völlig organisch durchs Land

www.neuseeland-panorama.de Privat geführte, nicht kommerzielle Seite mit schönen Panoramabildern, guten Weblinks und Tipps

www.marcopolo.de/neuseeland Alles auf einen Blick zu Ihrem Reiseziel: Interaktive Karten inklusive Planungsfunktion, Impressionen aus der Community, aktuelle News und Angebote ...

www.adailytravelmate.com Die weltreisende Bloggerin Steffi (Lieblingsziel Neuseeland) gibt handfeste Tipps, die Aktiv-Reisenden viel Geld und Ärger ersparen können. Sachlich und sympathisch, inkl. Newsletter

www.nzvillage.com Die Reise- und Auswanderer-Community für Neuseeland, Australien und die Südsee mit diversen Blogs und vielen praktischen Tipps

short.travel/neu2 Am anderen Ende der Welt wird gebloggt, was das Zeug hält. Mehr als 1000 Blogs finden Sie hier je für Nord- und Südinsel, zu jeder Region, zu jeder Stadt, in jeder Sprache

www.neuseelandfuerdeutsche.com Viele praktische Tipps von eingewanderten Deutschen, vor allem zu Work-and-Travel-Angeboten

Egal, ob für Ihre Reisevorbereitung oder vor Ort: Diese Adressen bereichern Ihren Urlaub. Da manche sehr lang sind, führt Sie der short.travel-Code direkt auf die beschriebenen Websites. Falls bei der Eingabe der Codes eine Fehlermeldung erscheint, könnte das an Ihren Einstellungen zum anonymen Surfen liegen

www.tripbod.com Hier lernen Sie *locals* kennen, die Sie an die Hand nehmen und als „lebende Reiseführer" fungieren, allerdings gegen einen kleinen Obolus

www.digsville.com Wer seine Wohnung oder sein Haus einmal mit Neuseeländern tauschen möchte, ist auf dieser Website am richtigen Ort

short.travel/neu3 Die Facebook-Seite von *New Zealand 100 % Pure,* der neuseeländischen Tourismus-Initiative, mit vielen Tipps, Fotos und Infos

VIDEOS & MUSIK

www.tvnz.co.nz Website des neuseeländischen Fernsehens mit vielen Filmen, die aktuell über Neuseeland informieren

www.radionz.co.nz/podcasts Riesenauswahl an Podcasts von Radio New Zealand zu allen möglichen Wissensgebieten rund um das Land der langen weißen Wolke. Gute Englischkenntnisse sind Voraussetzung!

vimeo.com/21073193 Ein Video für Adrenalin-Freaks: auf atemberaubenden Fahrten kommen hier professionelle Downhill-Biker an wunderschönen Landschaften rund um Queenstown vorbei – und das auch noch bei Sonnenschein, cooler Musik und mit noch cooleren Typen

APPS

New Zealand Maps Wenn Sie vorher die kostenlose App Outdoor Atlas installiert haben, können Sie mit dieser App-Erweiterung umfangreiche Neuseeland-Karten auch offline auf Ihrem Smartphone abrufen

Stuff.co.nz Die Gratis-App des Online-Magazins *Stuff,* das 2011 als Neuseelands beste Nachrichtenseite ausgezeichnet wurde, versorgt Sie mit den aktuellsten News aus den Bereichen Politik, Wirtschaft, Technik, Sport, Lifestyle und Reise

New Zealand Adrenaline Adventure Travel Wer den ultimativen Nervenkitzel sucht, liegt mit dieser App genau richtig. Egal ob Bungyspringen, Sportklettern oder Rafting – hier dürfte für jeden Abenteurer etwas ausgesprochen Spannendes dabei sein

PRAKTISCHE HINWEISE

ANREISE

Ans andere Ende der Welt fliegt man entweder auf der West- (USA) oder Ostroute (Asien). Die Flugzeiten liegen zwischen ca. 21 und 23 Stunden. Bei Flügen über Amerika müssen Sie auf penible Sicherheitsvorkehrungen gefasst sein und die Visa-Vorschriften beachten. Die besten Verbindungen auf dieser Route (vor allem bei Stopps in der Südsee) bietet *Air New Zealand (www.airnewzealand.com)*, allerdings grundsätzlich ab London mit Zubringerflügen ab Deutschland. Auch Kombinationen mit *Lufthansa* (Los Angeles) bzw. *Cathay Pacific* (Hongkong) sind möglich. Auf den Langstrecken setzt Air New Zealand in der Economy Class ihre vielbeachtete „Skycouch" ein, die sich aus einer Reihe von drei Sitzen entwickelt und komplett bis zum Vordersitz in eine ebene Fläche verwandeln lässt. Zwei Erwachsene zahlen für ihren Sitzplatz den regulären Preis, der dritte Sitz kostet ungefähr die Hälfte – eine Investition, die sich bei der langen Flugzeit sehr lohnt.

Auf der Ostroute hat *Singapore Airlines (www.singaporeair.com)* die schnellste Verbindung mit kurzem Aufenthalt in Singapur. Sehr bequem und preislich attraktiv mit ca. 2200 Euro ist die Premium Economy Class von *Cathay Pacific (www.cathaypacific.com)*, die auch im Code Share mit Air New Zealand bis Auckland fliegen. Infos über Stopover-Angebote in Hongkong gibt es unter *www.cxholidays.com*.

Wer die lange Strecke in angenehme 6- bis 7-Stundenetappen (Dubai, Singapur, Sydney) unterteilen will, ist bei *Emirates (www.emirates.com)* gut aufgehoben. Tipp: Oft sind Flüge nach Australien preiswert zu bekommen, weiter nach Neuseeland geht es dann mit einer Billigairline wie *Virgin Australia (www.virginaustralia.com)* oder *Jetstar (www.jetstar.com)*. Kalkulieren Sie aber Flugverspätungen, den Terminalwechsel und evtl. Kosten für Übergepäck ein. Billigflieger erlauben pro Passagier allenfalls 20 Kilo Freigepäck, internationale Airlines meist 30 Kilo! Sie haben Probleme mit dem Übergepäck? *www.packsend.co.nz* und *www.got-excess-baggage.com* helfen.

GRÜN & FAIR REISEN

Auf Reisen können auch Sie viel bewirken. Behalten Sie nicht nur die CO_2-Bilanz für Hin- und Rückreise im Hinterkopf *(www.atmosfair.de; de.myclimate.org)* – etwa indem Sie Ihre Route umweltgerecht planen *(www.routerank.com)* – , sondern achten Sie auch Natur und Kultur im Reiseland *(www.gate-tourismus.de; www.ecotrans.de)*. Gerade als Tourist ist es wichtig, auf Aspekte wie Naturschutz *(www.nabu.de; www.wwf.de)*, regionale Produkte, wenig Autofahren, Wassersparen und vieles mehr zu achten. Wenn Sie mehr über ökologischen Tourismus erfahren wollen: europaweit *www.oete.de*; weltweit *www.germanwatch.org*

AUSKUNFT

Ein neuseeländisches Fremdenverkehrsamt gibt es in Deutschland, Österreich und der Schweiz nicht, aber eine informative Website: *www.newzealand.com*.

Von Anreise bis Zoll

Urlaub von Anfang bis Ende: die wichtigsten Adressen und Informationen für Ihre Neuseelandreise

Einen sehr informativen Newsletter können Sie unter *www.neuseelandhaus.de* bzw. *www.360grad-neuseeland.de* kostenlos bestellen.

EMBASSY OF SWITZERLAND
10 Customhouse Quay | Wellington | Tel. 04 4721593 | www.eda.admin.ch/wellington

AUTO

In Neuseeland wird links gefahren, defensiv und dank geringer Verkehrsdichte zumindest auf der Südinsel recht stressfrei. Die Hauptstrecken (State Highways, in diesem Buch abgekürzt SH) sind asphaltiert und gut ausgebaut, aber bisweilen sehr kurvenreich. Dadurch schätzt man Entfernungen oft falsch ein. Mehrspurige Schnellstraßen gibt es nur im Umkreis der Großstädte. Die Höchstgeschwindigkeit beträgt 100, in Ortschaften 50 km/h; intensive Geschwindigkeitskontrollen mit *speed cameras* und Alkoholkontrollen (0,5 Promille-Grenze)! Im Kreisverkehr gilt rechts vor links, nicht aber an Kreuzungen: Wer hier nach links abbiegt, hat Vorfahrt, wer nach rechts in dieselbe Straße abbiegt, muss warten. Man braucht einen internationalen Führerschein, der nur in Verbindung mit dem nationalen gilt. Telefonieren am Steuer nur mit Freisprechanlage! Infos: *www.transport.govt.nz*

DIPLOMATISCHE VERTRETUNGEN

EMBASSY OF THE FEDERAL REPUBLIC OF GERMANY
90–92 Hobson Street | Wellington | Tel. 04 4736063 | www.wellington.diplo.de

CONSULATE-GENERAL OF AUSTRIA
75 Ghuznee Street | Wellington | Tel. 04 3841402 | www.austria.org.au

EINREISE

Bei einem Aufenthalt bis zu drei Monaten ist kein vor der Reise zu beantragendes Visum erforderlich, der Reisepass muss noch 3 Monate über das Rückreisedatum hinaus gültig sein. Achtung bei Stopovern in asiatischen Ländern: Dort muss der Reisepass noch mindestens 6 Monate über das Ausreisedatum hinaus gültig sein. Vorweisen muss man das Rückflugticket, dann wird ein Visum für drei Monate in den Pass eingetragen. Wer bis zu zwölf Monate als Tourist im Land bleiben möchte, sollte sich sein Visum vorher bei der Botschaft im Heimatland – für Deutschland: *Botschaft von Neuseeland (Friedrichstr. 60 | 10117 Berlin | Tel. 030 2062121 | www.nzembassy.com/germany)* – besorgen. Dort ist es preiswerter. Spezielle Regeln gelten für Studenten, die vorübergehend in Neuseeland arbeiten wollen Infos: *www.immigration.govt.nz*, dann Stichwort „workingholiday", *www.work-and-travel-neuseeland.org* und *www.neuseeland.reisebine.de*. Vorerst bis Mitte 2018 wird in Neuseeland eine Einreisegebühr von 20 NZ$ (Kreuzfahrtschiff-Passagiere 25 NZ$) erhoben, die bereits bei der Buchung in den Ticketpreis integriert wird.

GELD & DEVISEN

Sehr verbreitet sind Visa und Eurocard/Mastercard, die von fast allen Tankstellen, den meisten Supermärkten und Hotels akzeptiert werden und mit denen auch an vielen Automaten (Maestro-Zeichen) Geld abgehoben werden kann – übrigens auch mit EC-Karte und PIN (günstiger). Immer häufiger werden ca. 2-prozentige Aufschläge für den Gebrauch von Kreditkarten verlangt (Tankstellen, Mietwagen). Nach wie vor sind Travellerschecks (Euro) eine sichere Angelegenheit.

WÄHRUNGSRECHNER

€	NZD	NZD	€
1	1,67	10	5,99
2	3,34	20	11,98
3	5,01	25	14,97
5	8,34	50	29,94
7	11,68	75	44,91
10	16,69	100	59,88
15	25,03	125	74,86
25	41,72	150	89,83
50	83,45	200	119,77

GESUNDHEIT

Impfungen sind nicht notwendig, die medizinische Versorgung entspricht den Maßstäben in Europa. Auf jeden Fall eine zusätzliche Reisekrankenversicherung mit Rücktransport abschließen. Nach einem Unfall genießen auch Touristen kostenlose Erstbehandlung *(accident compensation)*.

INLANDSREISEVERKEHR

Langstrecken-Züge verkehren nur zwischen Auckland und Wellington, Picton und Christchurch, Christchurch und Greymouth. Infos: *www.railnewzealand.com* und *www.kiwirail.co.nz*

Busse pendeln regelmäßig zwischen allen Orten auf der Nord- und der Südinsel; sie sind zuverlässig und ideales Verkehrsmittel für Rucksacktouristen.

Besonders günstig sind Pässe für Bus, Bahn, Fähre und Flugzeug, z. B. *Rail Pass* bzw. *Flexi Pass (www.intercity.co.nz)* und *Scenic Rail Pass (www.kiwirailscenic.co.nz)*. Die Backpackerbusse von *Kiwi Experience (www.kiwiexperience.com)* und *Naked Bus (www.nakedbus.co.nz)* fahren noch preiswerter. Alle Pässe können auch vor Ort gekauft werden.

Nationale Flüge werden von *Air New Zealand (Tel. 0800 737000 | www.airnewzealand.com* und *www.grabaseat.co.nz)* sowie der Qantas-Tochter *Jetstar (Tel. 0800 800995 | www.jetstar.com)* angeboten. Sonderangebote übers Internet. Der Hin- und Rückflug Auckland–Christchurch kostet ca. 100 Euro, je nach Tageszeit.

Die Fähre zwischen Nord- und Südinsel kann auch noch nach Ankunft in Christchurch oder Auckland gebucht werden, z. B. bequem über das Internet unter *www.interislander.co.nz* oder *www.bluebridge.co.nz*.

INTERNETCAFÉS & WLAN

Internetcafés gibt es in den touristischen Zentren an jeder Ecke und alle Vier- und Fünf-Sterne Hotels bieten Internetanschluss (meist gegen Aufpreis) auf den Zimmern. Auch viele i-Sites (Visitor Information) verfügen über Internetanschluss. Haben Sie ein WLAN-fähiges Handy oder Notebook, können Sie landesweit in rund 600 Cafés, auf Campingplätzen oder in Hotels auf Hotspots zurückgreifen – fast ausschließlich gegen Gebühr (das erfahren Sie nach Öffnen des Browsers). Bei *Vodafone* erhalten Sie Handy-SIM-Karten für Telefonie und Datenverkehr, für das Tablet sind spezielle SIM-Karten erhältlich (z. B. 3 GB für 50 NZ$). Etwas günstiger und bequemer sind die Tarife von *Telecom*, die zudem über 1000 Telefonzellen im Land für kostenloses WLAN (1 GB pro Tag) ausgestattet hat und über *Yabba (www.yabba.co.nz)* auch vom Handy kostengünstige Gespräche nach Übersee möglich macht. Auf folgenden Seiten finden Sie Hotspots in Ihrer Nähe: *www.hotspot-locations.de, www.wififreespot.com*

KLIMA & REISEZEIT

Die beste Reisezeit ist im Nov./Dez. (Frühjahr) sowie während der meist wetterbeständigen Monate Feb., März, April (Sommer/Herbst). Das Land ist stets Winden ausgesetzt. Durchschnittlich fallen 700–1500 ml Niederschlag, ideal für die üppige Vegetation. Das Klima auf der Südinsel ähnelt dem mitteleuropäischen, im Norden der Nordinsel ist es eher subtropisch. Ausgezeichneter Wintersport ist auf Nord- und Südinsel Juli–Sept. möglich. Zu jeder Reisezeit gehören ein warmer Pullover und regenfeste Kleidung ins Gepäck! Alles zum Wetter gibt's unter *www.metservice.com*.

MIETWAGEN & WOHNMOBILE

Das Mindestalter, um in Neuseeland ein Auto zu mieten, beträgt 21 Jahre. Ein neuwertiges Mittelklassemodell kostet ca. 80 NZ$/Tag, z. B. bei *Maui (Richard Pearse Drive | Mangere | Auckland | Tel. 0800 20 08 08 01 | www.maui-rentals.com)* plus Vollkaskoversicherung *(ca. 15–30 NZ$/Tag)*. Ältere Modelle sind günstiger. Rabatte gibt's bei einer Mietdauer von mehr als drei Wochen. Beim Befahren bestimmter Strecken mit dem Mietwagen erlischt der Versicherungschutz. Sparen Sie nicht an einer Vollkaskoversicherung, wenn doch, achten Sie unbedingt auf Ihr Kreditkartenlimit. Einige Vermieter belasten Ihr Konto sofort mit 5000 NZ$ (Kaution), wenn Sie keine Vollkaskoversicherung abschließen.

Inkl. Vollkaskoversicherung *(ca. 60 NZ$/Tag)* und Campingplatz *(ca. 45 NZ$/Tag)* kostet ein bis zu zwei Jahre altes Zwei-Bett-Wohnmobil (ohne WC/Dusche) von Feb.–April im Schnitt knapp 300 NZ$/Tag. Ältere Fahrzeuge sind ca. 20–30 Prozent günstiger. Touristen mit Zelt und Reisemobil finden weitere wichtige Infos auch über *www.goseenewzealand.co.nz, www.camping.org.nz* sowie über *www.rankers.co.nz*.

WAS KOSTET WIE VIEL?

Kaffee	3 Euro *für einen Milchkaffee*
Souvenir	ab ca. 45 Euro *für ein Jade-Tiki*
Wein	5,50 Euro *für ein Glas*
Fish & Chips	4,20 Euro *für eine Portion*
Benzin	1,22 Euro *für einen Liter Super*
Intercity-Bus	ca. 20 Euro *für die einfache Tour Auckland–Wellington*

ÖFFNUNGSZEITEN

Viele Supermärkte haben bis spät abends und auch am Wochenende geöffnet. Alle übrigen Geschäfte öffnen wochentags meist von 9–17.30 Uhr, beim *Late Night Shopping* am Donnerstag bzw. Freitag bis ca. 20 Uhr. In größeren Städten sind sie auch sonntags zwischen 11 und 16 Uhr geöffnet.

POST

Eine Postkarte nach Europa kostet 2 NZ$ und ist ca. 6–10 Tage unterwegs. Ein Brief kostet 2,50 NZ$.

STROM

230 Volt Wechselstrom. In Neuseeland gibt es ausschließlich dreipolige Flachstecker. Sie benötigen einen Adapter, den Sie vor Ort in Elektro- und Koffergeschäften erhalten.

TELEFON & HANDY

Ortsgespräche sind von privaten Telefonen gebührenfrei. In den (wenigen) öffentlichen Telefonzellen benutzt man Telefonkarten, die jeder *Dairy* oder Zeitschriftenhändler führt. Preiswerter sind *pre-paid calling cards* z. B. von *Yabba (www.yabba.co.nz)* oder *Compass (www.compassphonecards.co.nz)*. Oft kostet dort ein Telefonat nach Deutschland ca. 6 Cent/Min. Mit dem heimischen Mobiltelefon (GSM) sind Sie auch in Neuseeland erreichbar. Bei einem längeren Aufenthalt kann es unter Umständen günstig sein, wenn Sie alle Handyanrufe vor dem Abflug auf Ihre Mailbox umleiten. In Neuseeland kaufen Sie dann z. B. bei *Vodafone* einen *prepaid chip*, der in Ihr GSM-Handy passt (40 NZ$ inkl. 10 NZ$ Gesprächsguthaben). Sie bekommen sofort eine neuseeländische Mobilrufnummer sowie eine Sprachmailbox.

Vorwahl nach Deutschland 0049, Österreich 0043, in die Schweiz 0041, Vorwahl nach Neuseeland 0064. Die in diesem Band angegebenen 0800- und 0508-Nummern sind in Neuseeland ge-

WETTER IN WELLINGTON

	Jan.	Feb.	März	April	Mai	Juni	Juli	Aug.	Sept.	Okt.	Nov.	Dez.
Tagestemperaturen in °C	21	21	19	17	14	13	12	12	14	16	17	19
Nachttemperaturen in °C	13	13	12	11	8	7	6	6	8	9	10	12
Sonnenschein Stunden/Tag	8	7	6	5	4	4	4	4	6	6	7	7
Niederschlag Tage/Monat	7	4	5	10	11	14	14	15	10	10	11	10
Wassertemperaturen in °C	17	18	18	17	14	14	13	13	12	14	14	17

 Sonnenschein Stunden/Tag · Niederschlag Tage/Monat · Wassertemperaturen in °C

bührenfrei. Für einen Notruf wählen Sie generell 111.

TRINKGELD

Trinkgelder sind nicht üblich – auch wenn diese Regel bei wirklich gutem Service mehr und mehr durchbrochen wird.

ÜBERNACHTEN

Wer eine Unterkunft sucht, findet sie unter *lodgings.co.nz, www.luxuryescapes.co.nz, www.heritageinns.co.nz, www.nzcamping.co.nz,* oder *www.bnb.co.nz*. Sehr günstige Hotelangebote gibt es vier Wochen vor Anreise unter *www.wotif.co.nz, www.booking.com, www.ratestogo.com* und *www.fourcorners.co.nz*. Backpackers holen sich ihre Tipps auf den Websites *www.backpack.co.nz, www.bbh.co.nz* und *www.yha.org.nz*.
Die *tourist flats* (komfortable Hütten) und *cabins* (einfache Hütten) auf Campingplätzen kosten ca. 45 NZ$/ P., ca. 25 NZ$ bezahlt man durchschnittlich für die zahlreichen *Backpacker Hostels* in Mehrbett- bzw. Doppelzimmern.
Auf den meist gut ausgestatteten Campingplätzen kostet die Nacht für zwei Personen und ein Wohnmobil 45–50 NZ$. Wildromantisch, aber ohne Komfort sind die etwa 200 vom Department of Conservation (DOC) ausgewiesenen *Conservation Campsites*. Achtung: Sogenanntes „Freedom Camping" (Übernachten außerhalb von Campingplätzen) ist vor allem für Fahrzeuge ohne Toilette stark einschränkt. Der Grund: Zu große Verschmutzung der Natur durch rücksichtslose Reisemobilisten. Achten Sie auf die Schilder! Infos unter: *www.doc.govt.nz/freedomcamping, www.camping.org.nz* und *www.campermate.co.nz*
Verschiedene Hotelketten *(Best Western, Golden Chain, Flag)* und Agenturen *(Main Stay)* bieten Hotelpässe an *(130–220 NZ$ pro Zi./Nacht)*. Farmaufenthalte vermittelt *Rural Holidays (Christchurch | Tel. 03 3 55 62 18 | www.ruralholidays.co.nz)* oder auch *www.ruraltourism.co.nz*. Oft sind Zimmer/Cabins und Flats mit ein bzw. zwei Schlafzimmern, Kitchenette inkl. Mikrowelle etc. ausgestattet, was die Verpflegungskosten spürbar senkt. Die durchschnittliche Preisspanne für ein modernes 1-Bedroom-Apartment liegt bei ca. *130–210 NZ$ pro Nacht*.

ZEIT

Neuseeland liegt in der Nähe der Datumsgrenze. Zeitunterschiede zu Mitteleuropa: 12 Stunden zwischen dem letzten Sonntag im Oktober und dem letzten Sonntag im März (Beginn der Sommerzeit Mitteleuropa), danach sind es 11 Stunden für eine Woche bis zum ersten Sonntag im April (Ende der Sommerzeit Neuseeland). Anschließend beträgt der Zeitunterschied 10 Stunden bis zum letzten Sonntag im September (Beginn der Sommerzeit in NZ). 11 Stunden sind es dann wieder bis zum letzten Sonntag im Oktober (Ende der Sommerzeit in Mitteleuropa). Die Zeiten für Sonnenauf- und untergänge und vieles mehr finden Sie auf *www.timeanddate.com*.

ZOLL

Die Einfuhr von Gegenständen des persönlichen Bedarfs ist zollfrei, ebenso Geschenke, deren Wert 700 NZ$ nicht übersteigt. Außerdem: 50 Zigaretten oder 50 g Tabak, 3,37 l hochprozentige Spirituosen, 4,5 l Wein oder Bier. Verderbliche Lebensmittel dürfen nicht eingeführt werden (hohe Strafen! *www.customs.govt.nz*). Zollfrei bei der Wiedereinreise in die EU: u. a. 200 Zigaretten, 1 l Hochprozentiges, 4 l Wein und Geschenke bis 430 Euro.

SPRACHFÜHRER ENGLISCH

AUSSPRACHE

Zur Erleichterung der Aussprache sind alle englischen Wörter mit einer einfachen Aussprache (in eckigen Klammern) versehen. Folgende Zeichen sind Sonderzeichen:

θ hartes [s] (gesprochen mit Zungenspitze an der oberen Zahnreihe, zischend)

D weiches [s] (gesprochen mit Zungenspitze an der oberen Zahnreihe, summend)

' nachfolgende Silbe wird betont

ə angedeutetes [e] (wie in „Bitte")

AUF EINEN BLICK

ja/nein/vielleicht	yes [jäs]/no [nəu]/maybe [mäibi]
bitte/danke	please [plihs]/thank you [θänkju]
Entschuldige!	Sorry! [Sori]
Entschuldigen Sie!	Excuse me! [Iks'kjuhs mi]
Darf ich ...?	May I ...? [mäi ai ...?]
Wie bitte?	Pardon? ['pahdn?]
Ich möchte .../Haben Sie ...?	I would like to ...[ai wudd 'laik tə ...]/ Have you got ...? ['Həw ju got ...?]
Wie viel kostet ...?	How much is ...? ['hau matsch is ...]
Das gefällt mir (nicht).	I (don't) like this. [Ai (dəunt) laik Dis]
gut/schlecht	good [gud]/bad [bäd]
offen/geschlossen	open ['oupän]/closed ['klousd]
kaputt/funktioniert nicht	broken ['brəukən]/doesn't work ['dasənd wörk]
Hilfe!/Achtung!/Vorsicht!	Help! [hälp]/Attention! [ə'tänschən]/Caution! ['koschən]

BEGRÜSSUNG & ABSCHIED

Guten Morgen!/Tag!	Good morning! [gud 'mohning]/ afternoon! [aftə'nuhn]
Gute(n) Abend!/Nacht!	Good evening! [gud 'ihwning]/night! [nait]
Hallo!/Auf Wiedersehen!	Hello! [hə'ləu]/Goodbye! [gud'bai]
Tschüss!	Bye! [bai]
Ich heiße ...	My name is ... [mai näim is ...]
Wie heißen Sie/heißt Du?	What's your name? [wots jur näim?]
Ich komme aus ...	I'm from ... [Aim from ...]

Do you speak English?

„Sprichst du Englisch?" Dieser Sprachführer hilft Ihnen, die wichtigsten Wörter und Sätze auf Englisch zu sagen

DATUMS- & ZEITANGABEN

Montag/Dienstag	monday ['mandäi]/tuesday ['tjuhsdäi]
Mittwoch/Donnerstag	wednesday ['wänsdäi]/thursday ['θöhsdäi]
Freitag/Samstag	friday ['fraidäi]/saturday ['sätərdäi]
Sonntag/Werktag	sunday ['sandäi]/weekday ['wihkdäi]
Feiertag	holiday ['holidäi]
heute/morgen/gestern	today [tə'däi]/tomorrow [tə'morəu]/yesterday ['jästədäi]
Stunde/Minute	hour ['auər]/minutes ['minəts]
Tag/Nacht/Woche	day [däi]/night [nait]/week [wihk]
Monat/Jahr	month [manθ]/year [jiər]
Wie viel Uhr ist es?	What time is it? [wot 'taim is it?]
Es ist drei Uhr.	It's three o'clock. [its θrih əklok]

UNTERWEGS

links/rechts	left [läft]/right [rait]
geradeaus/zurück	straight ahead [streit ə'hät]/back [bäk]
nah/weit	near [niə]/far [fahr]
Eingang/Einfahrt	entrance ['äntrənts]/driveway ['draifwäi]
Ausgang/Ausfahrt	exit [ägsit]/exit [ägsit]
Abfahrt/Abflug/Ankunft	departure [dih'pahtschə]/departure [dih'pahtschə]/ arrival [ə'raiwəl]
Darf ich Sie fotografieren?	May I take a picture of you? [mäi ai täik ə 'piktscha of ju?]
Wo ist ...?/Wo sind ...?	Where is ...? ['weə is...?]/Where are ...? ['weə ahr ...?]
Toiletten/Damen/Herren	toilets ['toilət] (auch: restrooms [restruhms])/ladies ['läidihs]/gentlemen ['dschäntlmən]
Bus/Straßenbahn	bus [bas]/tram [träm]
U-Bahn/Taxi	underground ['andəgraunt]/taxi ['tägsi]
Parkplatz/Parkhaus	parking place ['pahking pläis]/car park ['kahr pahk]
Stadtplan/(Land-)Karte	street map [striht mäp]/map [mäp]
Bahnhof/Hafen	(train) station [(träin) stäischən]/harbour [hahbə]
Flughafen	airport ['eəpohrt]
Fahrplan/Fahrschein	schedule ['skädjuhl]/ticket ['tikət]
Zug/Gleis	train [träin]/track [träk]
einfach/hin und zurück	single ['singəl]/return [ri'törn]
Ich möchte ... mieten.	I would like to rent ... [Ai wud laik tə ränt ...]
ein Auto/ein Fahrrad	a car [ə kahr]/a bicycle [ə 'baisikl]
Tankstelle	petrol station ['pätrol stäischən]
Benzin/Diesel	petrol ['pätrəl]/diesel ['dihsəl]
Panne/Werkstatt	breakdown [bräikdaun]/garage ['gärasch]

ESSEN & TRINKEN

Reservieren Sie uns bitte für heute Abend einen Tisch für vier Personen.	Could you please book a table for tonight for four? [kudd juh 'plihs buck ə 'täibəl for tunait for fohr?]
Die Speisekarte, bitte.	The menue, please. [Də 'mänjuh plihs]
Könnte ich bitte ... haben?	May I have ...? [mäi ai häw ...?]
Messer/Gabel/Löffel	knife [naif]/fork [fohrk]/spoon [spuhn]
Salz/Pfeffer/Zucker	salt [sohlt]/pepper ['päppə]/sugar ['schuggə]
Essig/Öl	vinegar ['viniga]/oil [oil]
Milch/Sahne/Zitrone	milk [milk]/cream [krihm]/lemon ['lämən]
mit/ohne Eis/Kohlensäure	with [wiD]/without ice [wiD'aut ais]/gas [gäs]
Vegetarier(in)/Allergie	vegetarian [wätschə'tăriən]/allergy ['ällədschi]
Ich möchte zahlen, bitte.	May I have the bill, please? [mäi ai häw De bill plihs]
Rechnung/Quittung	invoice ['inwois]/receipt [ri'ssiht]

EINKAUFEN

Wo finde ich ...?	Where can I find ...? [weə kän ai faind ...?]
Ich möchte .../Ich suche ...	I would like to ... [ai wudd laik tu]/I'm looking for ... [aim luckin foə]
Brennen Sie Fotos auf CD?	Do you burn photos on CD? [Du ju börn 'fəutəus on cidi?]
Apotheke/Drogerie	pharmacy ['farməssi]/chemist ['kemist]
Bäckerei/Markt	bakery ['bäikəri]/market ['mahkit]
Lebensmittelgeschäft	grocery ['grəuscheri]
Supermarkt	supermarket ['sjupəmahkət]
100 Gramm/1 Kilo	100 gram [won 'handrəd gräm]/1 kilo [won kiləu]
teuer/billig/Preis	expensive [iks'pänsif]/cheap [tschihp]/price [prais]
mehr/weniger	more [mor]/less [läss]
aus biologischem Anbau	organic [or'gännik]

ÜBERNACHTEN

Ich habe ein Zimmer reserviert.	I have booked a room. [ai häw buckt ə ruhm]
Haben Sie noch ...?	Do you have any ... left? [du ju häf änni ... läft?]
Einzelzimmer	single room ['singəl ruhm]
Doppelzimmer	double room ['dabbəl ruhm] (Bei zwei Einzelbetten: twin room ['twinn ruhm])
Frühstück/Halbpension	breakfast ['bräckfəst]/half-board ['hahf boəd]
Vollpension	full-board [full boəd]
Dusche/Bad	shower ['schauər]/bath [bahθ]
Balkon/Terrasse	balcony ['bälkəni]/terrace ['tärräs]
Schlüssel/Zimmerkarte	key [ki]/room card ['ruhm kahd]
Gepäck/Koffer/Tasche	luggage ['laggətsch]/suitcase ['sjutkäis]/bag [bäg]

BANKEN & GELD

Bank/Geldautomat	bank [bänk]/ATM [äi ti äm]/cash machine ['käschməschin]
Geheimzahl	pin [pin]
Ich möchte ... Euro wechseln.	I'd like to change ... Euro. [aid laik tu tschäindsch ... iuhro]
bar/ec-Karte/Kreditkarte	cash [käsch]/ATM card [äi ti äm kahrd]/credit card [krädit kahrd]
Banknote/Münze	note [nout]/coin [koin]
Wechselgeld	change [tschäindsch]

TELEKOMMUNIKATION & MEDIEN

Ich suche eine Prepaidkarte.	I'm looking for a prepaid card. [aim 'lucking fohr ə 'pripäid kahd]
Wo finde ich einen Internetzugang?	Where can I find internet access? [wär känn ai faind 'internet 'äkzäss?]
Brauche ich eine spezielle Vorwahl?	Do I need a special area code? [du ai nihd ə 'späschəl 'äria koud?]
Computer/Batterie/Akku	computer [komp'jutə]/battery ['bättəri]/rechargeable battery [ri'tschahdschəbəl 'bättəri]
At-Zeichen („Klammeraffe")	at symbol [ät 'simbəl]
Internetanschluss/WLAN	internet connection ['internet kə'näktschən]/Wifi [waifai] (auch: Wireless LAN ['waərläss lan])
E-Mail/Datei/ausdrucken	email ['imäil]/file [fail]/print [print]

ZAHLEN

0	zero ['sirou]	18	eighteen [äi'tihn]
1	one [wan]	19	nineteen [nain'tihn]
2	two [tuh]	20	twenty ['twänti]
3	three [θri]	21	twenty-one ['twänti 'wan]
4	four [fohr]	30	thirty [θör'ti]
5	five [faiw]	40	fourty [fohr'ti]
6	six [siks]	50	fifty [fif'ti]
7	seven ['säwən]	60	sixty [siks'ti]
8	eight [äit]	70	seventy ['säwənti]
9	nine [nain]	80	eighty ['äiti]
10	ten [tän]	90	ninety ['nainti]
11	eleven [i'läwn]	100	(one) hundred [('wan) 'handrəd]
12	twelve [twälw]	200	two hundred ['tuh 'handrəd]
13	thirteen [θör'tihn]	1000	(one) thousand [('wan) θausənd]
14	fourteen [fohr'tihn]	2000	two thousand ['tuh θausənd]
15	fifteen [fif'tihn]	10000	ten thousand ['tän θausənd]
16	sixteen [siks'tihn]	1/2	a/one half [ə/wan 'hahf]
17	seventeen ['säwəntihn]	1/4	a/one quarter [ə/wan 'kwohtə]

REISEATLAS

Verlauf der Erlebnistour „Perfekt im Überblick“

Verlauf der Erlebnistouren

Der Gesamtverlauf aller Touren ist auch in der herausnehmbaren Faltkarte eingetragen

 Bild: Wandern auf dem Milford Track

Unterwegs in Neuseeland

Die Seiteneinteilung für den Reiseatlas finden Sie auf dem hinteren Umschlag dieses Reiseführers

A
B
C
1
2
3
4
5
6
Three Kings Islands
Great Island
South West Island
2000
North Cape
Spirits Bay
Cape Reinga
Kapowairau
Motuopao I.
Te Hapua
Cape Maria van Diemen
Waitiki Landing
Parengarenga Harbour
Great Exhibition Bay
Te Kao
Ninety Mile Beach
103
Aupouri Peninsula
Cape Karikari
Pukenui
Karikari Peninsula
Rangaunu Bay
Merita
Rangaunu Harbour
Doubtless Bay
Taupo Bay
Whangaroa Ha
Mangonui
Ahipara Bay
Awanui
Kaitaia
Kaeo
Matauri
Tauroa Point
Tauroa Peninsula
Ahipara
Raetea
Mangamuka
Kerikeri
Herekino
Waimate North Mission House
Waitang
Herekino Harbour
161
Okaihau
L. Omapere
Pakarak
Ohaeawai
Whangape Harbour
Hokianga Harbour
Rawene
Moerewa
Mitimiti
Kaikohe
Taheke
Omapere
Awarua
Waipoua Kauri Forest
Parakao
Tutamoe Ra.
Kaihu
Dargaville
Baylys Beach
Te Kopuru
Ruawai
Taingaehe
Mokeno
North Heac
Tasman Sea
NORTH ISLAND
2000
1953
1737
1255
50 km
31 mi

D
E
F
1
2
3
4
5
6
PACIFIC OCEAN
Cape Brett
North Auckland
Taupiri Bay
Home Point
Whangaruru Harbour
Poor Knights Is.
Whananaki
Peninsula
Tutukaka
Ngunguru
Ngunguru Bay
Whangarei
Parua Bay
Whangarei Heads
Bream Head
Ruakaka
Marotere Is.
Bream Bay
Hen and Chickens Is.
Waipu
Taranga I.
Brynderwyn
Mangawhai Heads
Kaiwaka
Little Barrier I.
Mt Hauturu
722
Craddock Channel
Port Fitzroy
Rakitu I.
Great Barrier I.
Cape Rodney
Wellsford
158
Leigh
Port Albert
Kaipara Flats
Tryphena
Tapora
Warkworth
Colville Channel
Cape Barrier
Kawau I.
Mahurangi
Cape Colville
Cuvier I.
Puhoi Tavern
Mahurangi West
Port Jackson
Port Charles
Waiwera
Orewa
Hauraki Gulf
Great Mercury I.
Red Mercury I.
Kaukapakapa
Dairy Flat
Whangaparoa
Whangaahei
Helensville
Albany
Mercury Is.
Waiheke I.
Kuatonu
Waimauku
Kumeu
Rangitoto I.
Onetangi
Mercury Bay
Coromandel
Blackpool
Coromandel
Cooks Beach
Waitakere
Howick
Whitianga
Cathedral Cove
Ponui I.
Hot Water Beach
AUCKLAND
Maraetai
Orere Point
Hot Water Beach
The Aldermen Is.
Papatoetoe
Coroglen
Huia
Manurewa
Kohukohunui
688
Tapu
Tairua
Manukau Harbour
Papakura
Firth of Thames
Pauanui
Peninsula
Slipper I.
Matakawau
Clarks Beach
Kaiaua
Thames
Coromandel Ra.
Bombay
Pukekohe
Waitakaruru
Kopu
Whangamata
Waiuku
Pokeno
Ngatea
Mangatarata
203
Mayor I.
Port Waikato
Paeroa
Waikato River
Glen Murray
125
Te Kauwhata
Waihi
Waihi Beach
Tirohia
Karewa I.
Naike
Aroha
Waikorea
Huntly
Katikati
Matakana I.
146
2000
200

A
B
C
1
2
3
4
5
6
145
148
Mokeno
Pouto Point
North Head
South Head
Shelly Beach
Kaukapakapa
Helensville
Waimauku
Muriwai Beach
Waitakere
Port Albert
Kaipara Flats
Leigh
Warkworth
Kawau I.
Puhoi Tavern
Mahurangi
Mahurangi West
Waiwera
Orewa
Dairy Flat
Whangaparoa
Albany
Kumeu
Rangitoto I.
Blackpool
Howick
Maraetai
Onetangi
Waiheke I.
Hauraki Gulf
Great Barrier I.
Tryphena
Cape Barrier
Cape Colville
Colville Channel
Cuvier I.
Port Jackson
Port Charles
Great Mercury I.
Red Mercury
Mercury Is.
Kuatonu
Mercury Bay
Whangaahei
Coromandel
Ponui I.
Whitianga
Cooks Beach
Cathedral
Hot Water Beach
Coroglen
Tairua
Pauanui
Coromandel Ra.
AUCKLAND
Papatoetoe
Huia
Manukau Harbour
AKL
Manurewa
Papakura
Clarks Beach
Matakawau
Bombay
Pukekohe
Waiuku
Pokeno
Orere Point
Kohukohunui
688
Kaiaua
Firth of Thames
Tapu
Thames
Waitakaruru
Kopu
Ngatea
Mangatarata
Paeroa
Whangamata
Waihi
Tirohia
Te Aroha
Katikati
Port Waikato
Glen Murray
Waikato River
Te Kauwhata
Lake Waikare
Tahuna
Naike
Waikorea
Huntly
Orini
Mangateparu
Ngaruawahia
Tatuanui
Morrinsville
Gordon
TAURANGA
Tasman Sea
Te Akau
Raglan Harbour
Raglan
750
Mt. Karioi
HAMILTON
Te Rapa
Matangi
Walton
Cambridge
Matamata
Te Poi
Hinuera
Tirau
Putaruru
Pirongia
959
Te Awamutu
Kihikihi
Arapuni
Aotea Harbour
Kawhia
Kawhia Harbour
Oparau
Tihiroa
Waikeria
Lichfield
Taharoa
Kiwi House
Otorohanga
Hangatiki
Te Anga
Marokopa
Waitomo Glowworm Caves
Te Kuiti
Tokoroa
Kinleith
Mangakino
Ranginui
978
Whakamaru
Piopio
Kopaki
Aria
Bennydale
Hauhungaroa Ra.
Mahoenui
Awakino
Mokau
North Taranaki Bight
Kinloch
Mangatupopo
Ongarue
Lake Taupo
Kuratau
Ahititi
Ohura
1078
Manunui
Taumarunui
Pukearuhe
Waitara
Onaero
Tahora
Owhango
Turangi
L. Rotoaira
Rangipo
Te Rangi
New Plymouth
Oparau
Okato
Inglewood
Cape Egmont
Warea
Mt. Egmont (Taranaki)
2518
Egmont Nat. Park
Tariki
Matau
Pohokura
Retaruke
Raurimu
National Park
Mt. Tongariro
1978
2287
Mt. Ngauruhoe
Mt. Ruapehu
2797
Tongariro Nat. Park
Rahotu
Toko
Stratford
Eltham
713
Te Mapou
746
Whanganui Nat. Park
Matemateaonga Range
Kaponga
Kapuni
Opunake
Pihama
Manaia
Hawera
L. Rotorangi
Raetihi
Pipiriki
Ohakune
Waiouru
Jerusalem (Hiruharama)
Rangiwhea Junction
Moawhango
Makakaho Junction
Kakatahi
Alton
Wanganui Riv.
Whangaehu Riv.
Taihape
Patea
Waverly
Paparangi
Colliers Junction
Mangaweka
Waitotara
Maxwell
Otairi
Ohingaiti
Hunterville
Whangaehu
158
203
125
239
202
165
204
222
106
152

D
E
F
1
2
3
4
5
6
PACIFIC OCEAN
NORTH ISLAND
Mayor I.
White Island
321
2119
Bay of Plenty
Motiti I.
Maunganui
Papamoa Beach
Maketu
Pokehina
Paengaroa
Matata
Motohora I.
Paroa
Whakatane
Ohope
Edgecumbe
Te Teko
Kawerau
Taneatu
Moureа
Te Ngae
Pohutu Geysir
Buried Village
L. Tarawera
Mt. Tarawera
1111
Waimana
Waiohau
Kopuriki
Waiotapu
Reporoa
Broadlands
Murupara
Te Urewera Nat. Park
Ruatahuna
Manuoha
1392
Huiarau Ra.
Rangitaiki Riv.
L. Waikaremoana
Waikaremoana
1369
Rangitaiki
Torere
Omarumutu
Opotiki
Te Kaha
Waihau Bay
Cape Runaway
Hicks Bay
Matakaoa Point
Te Araroa
East Cape
Waikura
Rangitukia
Raukumara
1413
Whanokao
1618
Hikurangi
1752
Tikitiki
Ruatoria
Raukumara Range
Ihunga
Waipiro Bay
Te Puia Springs
Tokomaru Bay
Mawhai Point
Huiarua
1440
Tauwhareparae
1213
Oponae
Motu
Matawai
Koranga
Whatatutu
Te Karaka
Tolaga Bay
Whangara
Waerengaahika
Matawhero
Gisborne
Poverty Bay
Muriwai
Tiniroto
Frasertown
Morere
Whakaki
Wairoa
Nuhaka
Mahia
Mahia Beach
Table Cape
Mahia Peninsula
Portland I.
Ahuriri Point
Kotemaori
Taneatua
Te Haroto
Maungaharuru Ra.
Tutira
Puketitiri
Te Pohue
Eskdale
Whirinaki
Bay View
Napier
Hawke Bay
Kaweka Ra.
1724
Ota-mauri
Ngaruroro
Puketapu
Hastings
Clive
Maraekakaho
Pakipaki
Havelock North
Clifton
Cape Kidnappers
Waimarama
Tikokino
Ongaonga
Otane
Waipawa
Kairakau Beach
Omakere
287
214
141
151
50 km
31 mi
147
149

A
146
B
C
North
Taranaki
1
2
3
4
5
6
Tasman Sea
Pukearuhe
Waitara
Onaero
New Plymouth
Oparau
Inglewood
Okato
Warea
Cape Egmont
Mt. Egmont
(Taranaki)
2518
Egmont Nat. Park
Tariki
Rahotu
Toko
Stratford
Eltham
Kaponga
Opunake
Kapuni
Pihama
L. Rotorangi
Manaia
Hawera
Alton
204
Patea
Tara
Cape Farewell
Farewell Spit
Whanganui Inlet
Puponga
Pakawau
Paturau River
Golden Bay
Collingwood
Separation Point
Motupipi
Totaranui
Mt. Stevens
1213
Takaka
10
Abel Tasman Nat. Park
Tasman Bay
Marahau
Kaiteriteri
Kahurangi National Park
Upper Takaka
Riwaka
Motueka
Mariri
Tasman Mts.
1646
Pokororo
Tasman
Pepin I.
Wakapuaka
Karamea
Arthur Ra.
Ngatimoti
Upper Moutere
Mapua
Nelson
Hira
Rai Valley
Havelock
Mt. Kendall
1762
Hope
Richmond
Tapawera
Little Wanganui
Motupiko
Wakefield
Belgrove
Korere
Hiwipango
Hope Saddle
Owen River
373
(637)
Kikiwa
Kawatiri Junction
Rotoroa
Murchison
Lyell
St. Arnaud
L. Rotoiti
L. Rotoroa
Paenga
Nelson Lakes Nat. P.
Mt. Victoria
1640
Maruia
Spenser Mts.
151
Mt. Clara
1945
Springs Junction
Moruia Springs
Lewis Pass
(864)
Hanmer
Cape Stephens
Stephens I.
Rangitoto Is.
D'Urville Island
French Pass
Marlborough Sounds
Mt. Stokes
1203
Pelorus Sound
Kenapuru Head
Portage
Queen Charlotte Sound
Arapawa
Cape Terawhiti
Picton
Tuamarina
Cloudy Bay
Cook Strait
Renwick
Woodbourne
Blenheim
Richmond Ra.
Wairau Riv.
Wairau Valley
11
Wine Area
Seddon
Clifford Bay
Cape Campbe
Pinnacle
2120
Waikopai Riv.
Glenlee North
1722
Awatere River
Saltworks
Ward
Tapuaenuku
2885
Severn
2026
Kekerengu
Inland Kaikoura Ra.
Clarence Riv.
Seaward Kaikoura Ra.
Clarence
Clarence Reserve
12
Kaikoura

Lake Taupo
Turangi
L. Rotoaira
Mt. Tongariro
Mt. Ngauruhoe
Mt. Ruapehu
Tongariro Nat. Park
Taumarunui
Ohakune
Waiouru
Taihape
Wanganui
Hunterville
Marton
Bulls
Feilding
Palmerston North
Levin
Otaki
Masterton
Carterton
Greytown
Featherston
Martinborough
Lower Hutt
Upper Hutt
Napier
Hastings
Hawke Bay
Cape Kidnappers
Waipukurau
Dannevirke
Woodville
Pahiatua
Eketahuna
Castle Point
Riversdale Beach
Cape Turnagain
Cape Palliser
Palliser Bay
Lake Ferry
L. Wairarapa
Ruahine Range
Tararua Range
Kaimanawa Mts.
Kaweka Ra.
Puketoi Range
Aorangi Range
50 km
31 mi

A
B
C
1
2
3
4
5
6
Tasman Sea
SOUTH ISLAND
Kahurangi Pt.
Wekakura Pt.
Karamea
Karamea Bight
Mokihinui
Hector
Seddonvill
Granity
Old Coal Mines
Waimangaroa
Cape Foulwind
Carters Beach
Westport
Lyell
Charleston
Historic Gold Mining Town
Inangahua
Paparoa Range
Mt. Victoria 1640
Reefton
Punakaiki
Papa-roa Nat.P.
1525
Pancake Rocks and Blowholes
Barrytown
Ikamatua
Black-ball
Runanga
Ahaura
Springs Junction
Greymouth
Still-water
Ngahere
Paroa
Shantytown
Moana
Kumara Junction
L. Brunner
Kumara
Mt. Ajax 1832
Hokitika
1821
Kaniere
Inchbonnie
Otira
Arthur's Pass National Park
L Kaniere
Kokatahi
Ross
Historic Gold Mining Town
Arthur's Pass
Arthur's Pass (920)
Mt. Murchinson 2400
Abut Head
173
2204
Harihari
Okarito
Mt. Whitecombe 2644
Whataroa
Newton Pk. 2545
Lake Coleridge
Lake Coleridge
Springfield
Oxford
Puketeraki Ra.
Westland
Franz Josef
Franz Josef Glacier
L. Matheson
Gillespes Beach
Fox Glacier
Fox Glacier
Sheffield
L. Heron
2332
Homebush
Mt. Tasman 3498
Mount Cook Nat. Park
Jacobs River
The Thumbs 2545
Mount Hutt
Hororata
Dar-field
Aoraki Mt. Cook 3764
Nat. Park
Tasman Gl.
Alford Forest
Methven
Rakaia R.
Lilybank
Rangitata Riv.
Paringa
Mount Cook
El Tasman Glacier
Gammack Ra.
Mt. Misery 2294
Two Thumb Ra.
1951
Ben McLeod
Mount Somers
Ashburton Forks
Lauriston
Montalto
Winchmore
Canterbury Pl
Rakaia
Chertsey
Landsborough R.
Mayfield
Pendarves
Southern Alps
Lake Tekapo
Sherwood Downs
Arundel
Maronan
Ashburton
Tin-wald
Wakanui
Ben Ohau Range
Lake Pukaki
Lake Tekapo
Fairlie
Geral-dine
Hinds
Hakatere
Mt. Huxley 2499
Burke Pass
Tekapo Riv.
Orari
Lowcliffe
Winchester
Clandeboye
L. Ohau
Pleasant Point
Temuka
Twizel
Saint Mary
153
150

D
E
F
148
1
2
3
4
5
6
Puponga
Pakawau
Golden Bay
Collingwood
Motupipi
Separation Point
Totaranui
Takaka
Abel Tasman Nat. Park
Marahau
Kaiteriteri
Upper Takaka
Tasman Bay
Riwaka
Motueka
Mariri
Tasman
Pokororo
Ngatimoti
Upper Moutere
Mapua
Nelson
Richmond
Hope
Tapawera
Wakefield
Motupiko
Belgrove
Arthur Ra.
Pepin I.
Wakapuaka
Hira
Rai Valley
Havelock
Cape Stephens
Stephens I.
Rangitoto Is.
D'Urville Island
French Pass
Marlborough Sounds
Mt. Stokes 1203
Kenepuru Head
Portage
Pelorus Sound
Queen Charlotte Sound
Picton
Tuamarina
Cloudy Bay
Woodbourne
Renwick
Blenheim
Wine Area
Richmond Ra.
Wairau Riv.
Wairau Valley
Korere
Hope Saddle
Owen River
Hiwipango
Kikiwa
Kawatiri Junction
Rotoroa
L. Rotoroa
St. Arnaud
L. Rotoiti
Nelson Lakes Nat. P.
Pinnacle 2120
Glenlee
North 1722
Waikopai Riv.
Awatere River
Seddon
Clifford Bay
Cape Campbell
Saltworks
Ward
Tapuaenuku 2885
Severn 2026
Kekerengu
Inland Kaikoura Ra.
Clarence Riv.
Clarence
Seaward Kaikoura Ra.
Spenser Mts.
Mt. Clara 1945
Lewis Pass
Hanmer Springs
Mt. Tinline 1747
Clarence Reserve
Kaikoura
Kaikoura Peninsula
Oaro
Waiau
Parnassus
Culverden
Loamington
Hurunui Riv.
Cheviot
Hurunui
Scargill
Port Robinson
Hurunui Mouth
Hawarden
Waikari
Motunau Beach
Waipara
Amberley
Leithfield
Loburn
Pegasus Bay
Rangiora
Woodend
Kaiapoi
Belfast
CHC
Yaldhurst
CHRISTCHURCH
Lyttelton
Lyttelton Harbour
Templeton
Lincoln
Diamond Harbour
Taitapu
Little Akaloa
Banks Peninsula
Lake Ellesmere
Little River
Akaroa
Akaroa Harbour
Kaitorete Spit
PACIFIC OCEAN
Kapiti I.
Paraparaum
Paekakariki
Plimmerton
Porirua
Arapawa I.
TAWA
Cape Terawhiti
WLG
WELLINGTON
Baring Head
Cook Strait
50 km
31 mi

A
B
C
1
2
3
4
5
6
Tasman Sea
SOUTH ISLAND
Jackson Head
Jackson Bay
Cascade Point
Lake Ellery
Olivine Ra.
Awarua Point
Big Bay
Lake Wilmot
Mt. Aspiring
3033
Park
Yates Point
Lake McKerrow
Milford Sound
Mt. Tutoko
2746
Sutherland Sound
Bligh Sound
Mitre Peak
Homer Tunnel
George Sound
Mackinnon Pass
(1154)
Richardson Mts.
Shotover Riv.
3265
Glenorchy
Skippers Canyon
Arrowtown
Sutherland Falls
Milford Track
Caswell Sound
Charles Sound
Nancy Sound
Thompson Sound
Fiordland
Queenstown
Lake Te Anau
Lake Wakatipu
Secretary I.
Doubtful Sound
Mt. Lyall
1905
Te Anau Downs
Eyre Peak
1968
Eyre Mts.
Kingston
Dagg Sound
National
Glowworm Caves
Lake Manapouri
Te Anau
Mararoa Riv.
Deep Cove
The Key
Athol
Wilmot Pass
(617)
Manapouri
234
Breaksea Sound
Five Rivers
Resolution Island
Takitimu Mts.
Mossburn
Lumsden
Dusky Sound
Monowai
Lintley
Ardlussa
Oreti R.
Park
Lake Monowai
Avondale
West Cape
Kingston Crossing
Dipton West
Dipton
Cape Providence
Ohai
Nightcaps
L. Hauroko
Cameron Mts.
Wreys Bush
Centre Bush
Clifden
Orawia
Chalky Inlet
Lake Poteriteri
Drummond
Winton
Hedgehope
Mataura
Tuatapere
Otautau
Preservation Inlet
Puysegur Pt
Fairfax
Wilsons Crossing
Te Waewae Bay
Orepuki
Edendale
Thornbury
Long Point
Pahia Point
Lorneville
Wallacetown
Woodlands
Colac Bay
Riverton
Mataura Riv.
Raratoka I.
Invercargill
Gorge Road
Greenhills
Barracouta Pt.
Solander I.
Bluff
Tiwai Point
Fortrose
Toetoes Bay
Waipapa Pt
Foveaux Strait
Ruapuke I.
Mt. Anglem
980
Codfish Island
Green I.
Hazelburgh Group
Mason Bay
Rakiura National Park
Oban
Bench I.
50 km
31 mi
Ernest Island
Paterson Inlet
Doughboy Bay
East Cape
Mt. Allen
750
Shelter Point
Big Moggy Islands
Muttonbird Islands
Southwest Cape
Pearl I.
Stewart Island
Port Pegasus

D
E
F
1
2
3
4
5
6
150
Jacobs River
Mt. Tasman 3498
Aoraki Mt. Cook 3764
Mount Cook Nat. Park
Nat. Park
Mount Cook
The Thumbs 2545
Lilybank
Mount Hutt
Alford Forest
Mount Somers
Ashburton Forks
Lake Moeraki
Lake Paringa
El Tasman Glacier
Tasman Gl.
Gammack Ra.
Mt. Misery 2294
1951 Ben McLeod
Rangitata Riv.
Montalto
Mayfield
332
Mt. McFarlane 2057
Haast River
Haast
Landsborough R.
Lake Tekapo
Two Thumb Ra.
Sherwood Downs
Maronan
Arundel
Mt. Huxley 2499
(563)
Haast Pass
Ben Ohau Range
Lake Pukaki
Burke Pass
Fairlie
Geraldine
Orari
Lowcliffe
Aspiring
L. Ohau
Tekapo Riv.
Albury
Winchester
Makarora
Mt. Saint Mary 2332
Twizel
Chamberlain
Pleasant Point
Clandeboye
Temuka
Cave
Washdyke
Timaru
Haldon
Lake Hawea
L. Benmore
Mt. Nimrod 1518
Motukaika
Omarama
Cattle Creek
Pareora
St. Andrews
(971)
296
Lindis Pass
Hawkdun Ra.
Otematata
L. Aviemore
Lake Hawea
Hunter
Makikihi
St. Bathans 2088
Kurow
Hakataramea
Waimate
Wainono Lagoon
Arno
Wanaka
Lindis Valley
Luggate
Ikawai
Morven
Tarras
Pisa Ra.
St. Bathans
Duntroon
Tawai
Glenavy
Waitaki Riv.
Waitaki
Historic Goldfields
Lake Dunstan
Naseby
Ngapara
Lowburn
Becks
Livingstone
Five Forks
202
Cromwell
Lauder
Ranfurly
Kakanui Mts.
Oamaru
Bannockburn
Omakau
Observatory
Kyeburn
Incholme
Maheno
Poolburn
Waipiata
Herbert
Clyde
Galloway
Kakanui
Alexandra
Morrisons
Hyde
Patearoa
Hampden
168
Fruitlands
Dunback
Moeraki Boulders
Moeraki
Greenland Res.
Macreas Flat
Middlemarch
Roxburgh Hydro
Taieri River
Hummock 736
Palmerston
Clutha Riv.
Roxburgh
Lake Onslow
Waikouaiti
Blueskin Bay
Clarks Junction
Waitati
Otago Harbour
Millers Flat
Orokonui Ecosanctuary
Port Chalmers
Taiaroa Head
Moa Flat
Raes Junction
L. Mahinerangi
Outram
Mosgiel
Larnach Castle
Heriot
Beaumont
Edievale
Berwick
Otago Pen.
Kelso
Lawrence
Allanton
DUNEDIN
Tapanui
Waihola
Tuapeka Mouth
54
Taieri Mouth
Mount Stuart
Waipahi
Clydevale
Milton
Balclutha
Clinton
Kaitangata
Purekireki
Molyneux Bay
Mt. Pye 720
Catlins
Owaka
Kaka Point
Nugget Point
Catlins Forest Park
Papatowai
Tahakopa Bay
Cathedral Caves
Porpoise Bay
PACIFIC OCEAN

REGISTER

In diesem Register sind alle in diesem Buch erwähnten Orte, Strände und Ausflugsziele verzeichnet. Gefettete Seitenzahlen verweisen auf den Haupteintrag.

SCHREIBEN SIE UNS!

Egal, was Ihnen Tolles im Urlaub begegnet oder Ihnen auf der Seele brennt, lassen Sie es uns wissen! Ob Lob, Kritik oder Ihr ganz persönlicher Tipp – die MARCO POLO Redaktion freut sich auf Ihre Infos.
Wir setzen alles dran, Ihnen möglichst aktuelle Informationen mit auf die Reise zu geben. Dennoch schleichen sich manchmal Fehler ein – trotz gründlicher Recherche unserer Autoren/innen. Sie haben sicherlich Verständnis, dass der Verlag dafür keine Haftung übernehmen kann.

MARCO POLO Redaktion
MAIRDUMONT
Postfach 31 51
73751 Ostfildern
info@marcopolo.de

IMPRESSUM
Titelbild: Südinsel, Lake Hawea (laif: B. Steinhilber)
Fotos: age fotostock/Look (4 o., 32/33, 90); AUT University: M. Grobelny (19 o.); Axiom/Look (78); DuMont Bildarchiv: Emmler (28 l., 52/53, 66, 77, 88, 124/125, 128), Schröder/Schwarzbach (57, 74, 95, 123); F. M. Frei (24, 130 o.); R. Gerth (131); Getty Images: D. C. Tomlinson (84); Getty Images/FoodPix: Hagiwara (28 r.); Getty Images/Lonely Planet: Blakers (11); hoopnotica (18 M.); huber-images: S. Brozzi (73), M. Rellini (70), M. Ripani (9); Lade/BAV (Klappe l.); laif: Emmler (37, 65, 81, 101, 120/121, 129, 130 u.), Hauser (5, 12/13, 30, 30/31, 50), Heeb (128/129), Knop (87), B. Steinhilber (1 o.); Le Figaro Magazine/laif: Fautre (68/69, 142/143), Martin (26/27); H. Leue (38); Look: K. Jaeger (49), H. Leue (104/105), B. van Dierendonck (4 u., 62, 116); mauritius images: R. Mirau (106/107), Vidler (6), J. Warburton-Lee (41); mauritius images/age: B. Harrington (34); mauritius images/Alamy (8, 10), G. B. Evans (14/15), R. Ben-Ari (46), T. Cuff (111), S. Fleming (118), B. Harrington III (23), J. Kershaw (31, 44), V. Lowe (61), K. Vlessis (98), M. Whittaker (93); mauritius images/All Canada Photos/Alamy (54); mauritius images/Danita Delimont: R. Tilley (7), Williford (102); mauritius images/Foodanddrinkphotos: J. Hoare (29); mauritius images/Image Source: A. Bernstorff (2, 3); mauritius images/imagebroker: M. Brunner (20/21); mauritius images/Minden Pictures/C. Monteath/Hedgehog-House (82/83); mauritius images/Radius Images (43); mauritius images/Westend61: J. & N. Boerner (126), H. Spiering (17); S. Quante (1 u.); Renaissance Brewing Company (18 o.); vario images/imagebroker (Klappe r., 58, 97); J. Westgate (18 u.); Woodlyn Park: B. Black (19 u.)

13. Auflage 2017
Komplett überarbeitet und neu gestaltet

Chefredaktion: Marion Zorn; Autoren: Bruni Gebauer, Stefan Huy; Redaktion: Christina Sothmann; Verlagsredaktion: Susanne Heimburger, Tamara Hub, Nikolai Michaelis, Kristin Schimpf, Martin Silbermann; Bildredaktion: Gabriele Forst, Stefanie Wiese
Im Trend: wunder media, München
Kartografie Reiseatlas: © MAIRDUMONT, Ostfildern; Kartografie Faltkarte: © MAIRDUMONT, Ostfildern
Gestaltung Cover, S. 1, S. 2/3, Faltkartencover: Karl Anders – Büro für Visual Stories, Hamburg; Gestaltung innen: milchhof:atelier, Berlin; Gestaltung Erlebnistouren: Susan Chaaban Dipl.-Des. (FH)
Sprachführer: in Zusammenarbeit mit Ernst Klett Sprachen GmbH, Stuttgart, Redaktion PONS Wörterbücher

Printed in China

BLOSS NICHT

Ein paar Tipps für das richtige Verhalten in Neuseeland

ZU VIELE STOPPS

Lassen Sie sich nicht verführen, zu viele Stopps auf der Reise nach Neuseeland einzulegen. Die Zahl lockender Zwischenaufenthalte bei der Reise um die Welt ist groß, aber Neuseeland braucht Zeit für sich: Drei bis vier Wochen sollten Sie für Touren über die Nord- und Südinsel veranschlagen.

DEM JETLAG NACHGEBEN

Meiden Sie eiweißreiche (Energie zuführende) Nahrung im Flugzeug. Trinken Sie während des Fluges viel, aber möglichst gar keinen Alkohol. So bekämpfen Sie den Jetlag (Störung des internen Rhythmus durch die Zeitverschiebung) schon ganz gut. Versuchen Sie auf jeden Fall nach Ankunft in Neuseeland erst in den Abendstunden und nach einem leichten Essen schlafen zu gehen. So gewöhnen Sie sich leichter an den neuen Tagesrhythmus.

WASSER AUS FLÜSSEN TRINKEN

Mehr als die Hälfte der Gewässer und Flüsse in den Nationalparks sind vom Giardia-Parasiten befallen. Tabu ist die Erfrischung aus dem Bach und der Sprung in so manches Gewässer. Der Parasit dringt über den Mund in den Magen-Darm-Trakt ein und verursacht nach drei Wochen Durchfall, starke Blähungen und Magenkrämpfe. Mit Medikamenten lässt er sich erfolgreich und schnell behandeln. Kochen Sie Wasser aus der Natur vor dem Trinken ab, oder reinigen Sie es chemisch, z. B. mit transportablen Filtergeräten, den *Giardia rated filters,* oder mit Tabletten. In der Wildnis sollten Sie Ihre Notdurft weit entfernt von Wasserquellen verrichten und mit Erde zudecken. Danach keinesfalls die Hände im Fluss oder See waschen, sondern in einem Behälter. Das Wasser anschließend auf die Erde schütten! Große Probleme bereitet auch *Didymo,* eine gefährliche Alge, die bereits einen Großteil der neuseeländischen Gewässer befallen hat. Deshalb unbedingt sämtliche sichtbare Materie von Gegenständen, die im Wasser waren, beseitigen, bevor sie wieder in Kontakt zu einem anderen Gewässer kommen. Infos unter *www.biosecurity.govt.nz*

HOTEL UND MOTEL VERWECHSELN

Die örtliche Kneipe heißt in Neuseeland *hotel* – und sie hat nur in den seltensten Fällen einfache Gästezimmer *(pub beds)*, die an Touristen vermietet werden. Fragen Sie besser nach *motels,* wenn Sie ein Bett für die Nacht suchen.

ZU VIEL SONNE

Mit Hautkrebs ist *down under* nicht zu spaßen. Die starke Sonneneinstrahlung mit Nähe zum Ozonloch ist gefährlich. Wappnen Sie Ihre Haut durch Cremes mit hohem Lichtschutzfaktor. Tragen Sie draußen Sonnenbrille, eine breitkrempige Kopfbedeckung und Oberbekleidung, die ihre Schultern und Arme schützt. Und denken Sie daran: In und auf dem Wasser wirkt die Sonneneinstrahlung besonders aggressiv!